官僚制の時代

W・J・モムゼン著
得永新太郎訳

未來社

The Age of Bureaucracy;
Perspectives on the Political Sociology of Max Weber
by
W. J. Mommsen

目次

略記号

Bendix	Reinhard Bendix, Max Weber. An Intellectual Portrait, New York, 1960.
EaS	Economy and Society. An Outline of Interpretative Sociology, ed. Gunther Roth and Claus Wittich, New York, 1968.
Gerth	From Max Weber. Essays in Sociology, Trans. and ed. H. H. Gerth and C. Wright Mills, 6 ed., London, 1967.
Lebensbild	Marianne Weber, Max Weber. Ein Lebensbild, Neudruck Heidelberg, 1950.
Mommsen, Max Weber	Wolfgang J. Mommsen, Max Weber und die deutsche Politik, 1890-1920, Tübingen, 1959.
Mommsen, Universalgeschichtliches Denken	Wolfgang J. Mommsen, 'Universalgeschichtliches und politisches Denken bei Max Weber', Historische Zeitschrift, Vol. 201, 1965.

Mommsen, Plebiszitäre Führendemokratie	Wolfgang J. Mommsen, Zum Begriff der “plebiszitären Führerdemokratie” bei Max Weber, Kölner Zeitschrift für Soziologie und Sozialpsychologie, Vol. 20, 1969.
PS	Gesammelte politische Schriften, 3. ed., Tübingen, 1968.
Shils	Max Weber on the Methodology of the Social Sciences, ed. Edward A. Shils and Henry A. Finch, Glencoe, Ill., 1949.
SSP	Gesammelte Aufsätze zur Soziologie und Sozialpolitik, Tübingen, 1924.
WL	Gesammelte Aufsätze zur Wissenschaftslehre, 3 ed., Tübingen, 1968.
WuG	Wirtschaft und Gesellschaft. Grundriss der verstehenden Soziologie, 4 ed., Tübingen, 1956.

官僚制の時代

——マックス・ヴェーバーの政治社会学——

序　言

本書は、現在英語を語る世界にみられるマックス・ヴェーバーについての関心復興に一つの刺戟を与えることになればと期待して書かれたものである。それは、マックス・ヴェーバーが一人の偉大な実証的社会学者以上の存在であったことを人々に知ってもらうためになんらかの役に立つかもしれない。西欧思想の現段階にとって彼の思考のもつ重要性は、主として彼が終始自身の社会学的、政治的な仕事を通して、人類将来の進路のために、彼独自の研究によって到達した諸結論の意義を考察した点にある。彼に時代の中心的な諸問題に対する鋭い認識を与えたものは、人間的社会の歴史に関する類い稀れな知識であった。彼は単に短期的な諸問題にだけ没頭するような社会分析や、またそのようなアプローチと一般に結び付きやすい保守的傾向の餌食になることを自らに許さなかった社会学者であった。彼は、時代の最も緊迫している諸問題、特に極めて個人的な究極的諸価値によって動かされる個々人の自発的、創造的行為の余地を失わせる社会的諸構造の出現に関心をよせた。彼は国民の精神を啓蒙して、彼らが、一見すれば万能であるかにみえる官僚制の発展に対抗して自らを堅持することのできる解決手段を示唆し、また西欧社会をして、当時の自由な個人主義的諸構造を秘かに、しかし容赦なく窒息死させようとしていた社会的諸勢力の進行を阻止できるように援助しようと苦闘した。マックス・ヴェーバーの早逝以来半世紀の間、こうした諸問題の大部分は、われわれが時おり異なった光に照らして見直してみれば、依然として今日的な課題であるといえるであろう。

マックス・ヴェーバーの政治社会学に関するこの解釈は、少なくとも部分的には、イギリス、アメリカの諸大学を数次に亘って訪問した時に、英語を使用する聴衆に対してヴェーバーの政治的、社会学的な思想を呈示してもらいたいと促されたことへの応答である。ドイツ的世界に比べて、アングロ・サクソン的世界の極めて異なる知的伝統と、またドイツのヘーゲル的伝統に対比される、社会における国家の役割に関するアングロ・サクソン的な実証主義的な考え方は、言語そのものにすら少なからず影響を与えたものである。従って英語を用いてマックス・ヴェーバーについて書くことは一種の刺戟的な効果をもつものであって、いくつかの主要な問題が新たな光をうけて現われてくる。またドイツ語(そしてドイツ語と結合した一般的な知的枠組)では、殆んど気付かれないで見過ごされるような諸問題にも注意を向けさせられるものである。一九六八年にプリンストン大学高等教育研究所、一九七一年から翌七二年にかけてのオックスフォードのセント・アントニース・カレッジ訪問で、私は本書に含まれている諸問題について諸大学や学生諸君と論じあうことができた。私は特に貴重な示唆をスティーブン・リュークス、メルヴィン・リヒター、フィリップ・リーフの諸氏から受けた。終章は、はじめ一九六九年にバークレイのカリフォルニア大学とニュー・ジャージーのプリンストン高等教育研究所に提出され、さらに一九七二年二月四日、オックスフォード大学における公開講演で述べられたものである。主要な諸論文は、一九七二年の秋学期、オックスフォードのセント・アントニース・カレッジで開催されたセミナー「普遍史家、政治思想家としてのマックス・ヴェーバー」の主題とされた。このセミナーを可能にして下さったすべての方々、特に私を二学期に亘って客員教授としてオックスフォードに招聘して下さったセント・アントニース・カレッジの監理運営委員会と、寛大な財的援助によって同カレッジにおける近代ドイツ史のフォークスワーゲン講座を開設されたフォークスワーゲン基金に感謝の意を表明したい。このような援助がなければ、本書はおそらく書かれなかったであろう。さらにさまざまの困難があった時には、いつも私を助けて下さったセント・アントニース・カレッジのフェロー、アントニー・ニコルス、オックスフォードのセントピーターース・カレッジのフェロー、ティモシー・メーソンの両氏に感謝しなければならない。両氏の協力と助言がなければ本書は実現しなかったであろう。そのほかにも、私の必要としたすべての図書を捜し出すのに、能力と限りない忍耐とをもって当っていただいたエーブリー嬢に謝意を表したい。ナッフィールド・カレッジの司書の方々は、他所ではたやすく発見されない筈のマックス・ヴェーバーに関する重要刊行物を私に利用させて下った。

母国語でない言葉で一冊の書物を書くことは、著者にとって、かなりのリスクを伴うものである。

読者がこの書物を必ずしも流麗な文体とは見られないにしても、理解することは可能だとされるのであれば、それは主として、セント・アントニース・カレッジのジェーン・ヒルバート嬢のおかげであり、彼女は非常な忍耐と、驚嘆に値する感情移入とをもって草稿修正の労をとられたこと、特に労多い校正の仕事を引き受けて下さったブラックウェル社のJ・フェザー氏に負うものである。しかしその他の語辞上の諸欠点は、マックス・ヴェーバーの思想を比較的正確に表現することによって、いく分なりと相殺されておればと期待している。マックス・ヴェーバーのテクストは、原文ですら異状なほどに読みづらい上に、特定の文章の正しい意味を読むことのできる英文に移しかえるには、透徹した分析をしばしば必要とするということを常に留意しなければならない。著者は多年、ヴェーバーの未刊行の述作だけでなく、既に刊行されたものにも親しんできたので、たとえ本書の出来栄えがエレガントでなく、読みづらくしているとしても、このことを利用してマックス・ヴェーバーをイギリスの読者にできるだけ正確に呈示しようと努めるのは当然のことと考えている。とはいえ、私は、イギリスの聴衆に対して、考えられる限りのあらゆる観点から、同時に最大可能な正確さをもって諸論点を呈示しようと苦心したマックス・ヴェーバーの周到な、時としてペダンティックとも見られる努力のみでなく、用語上の厳密さに関する彼の情熱的な努力をお伝えするためには最善をつくしたものと自負している。

そういう次第で、私は英語版の翻訳が余りにも不正確であるとか、特定の論点を十分明確にしてれいないと思う時には、常にヴェーバー述作の利用可能な英語版から自由に逸れることにした。これは、ヴェーバー翻訳者たちがよい仕事をしなかったという意味ではなくて、偉大な著述家を翻訳するということは、特に彼が非常に凝った言いまわしをしているときには、同時に彼を解釈していることを意味しているのである。しかし読者が自ら引用箇所の正確な意味をチェックできるために、英語版の該当箇所が常に原典ドイツ語版と並記して引用される。その他の引用は制限されているが、特別な場合にだけ、主題についての私の見解が、他の学者たちの見解と異なって詳細に弁明されている。

一九七二年一〇月

ヴォルフガンク・J・モムゼン

序説

本書では、マックス・ヴェーバーの政治社会学の基礎的な諸側面が、世界史のコースに関する彼の個人的見解に照らして論じられる。政治思想だけでなく、社会学上の彼の業績の核心的な諸論点はすべて、急速に拡大しつつある官僚制の時代にあって、西欧自由社会の将来につき彼が抱いていた不安の昂進と関連している。彼は、社会的、政治的組織の官僚制的諸形態の普遍的進展が、個人の自由と創意の諸原則を危うくするに違いないと考えた。西欧における社会的諸制度の緩慢な、だが着実に進行してゆく硬直化の傾向は、最大限のダイナミズムと指導性を保証する社会的、政治的諸制度によってのみ阻止できるであろうと見たのである。

第一章では、ヴェーバーの社会学的諸考察が、人類の将来についてのすぐれてニーチェ的なペシミズムにだけでなく、ヴェーバー自身の自由主義的個人主義の特徴を帯びている彼独得の世界史に関する考え方に底礎されていることが示される。事実として彼の社会学的な業績と政治的活動とは共通の源泉から出ているのである。即ち一面では時代錯誤の政治的諸制度と、他面では自律的な個人の存立する余地をますます圧縮し、個人的諸価値のセットを社会的に無意味にするほどに強力無比な社会的諸力の成長によって危機に晒されている人間世界を維持するために戦おうとする熱烈な努力がそれである。世界史の百科全書的なヴェーバーの知識は、当時の巨大な社会的諸傾向を、まさに普遍的視野において観察し、そうした諸傾向の西欧文明に対して有する意義を正確に評価することを可能ならしめた。彼は初期の述作に支配的だった歴史的アプローチから次第に離脱して、社会的諸現象の厳密に形式化された理念型的分析へと移行して行ったが、彼の学問的な仕事は、彼が意図していたごとく本質的には歴史的社会学である。その多彩な社会学的研究は細部に亘り精緻を極めているが、常に個々の社会的現象の社会的=文化的意義を真に普遍史的な視野で考察しているのである。

ドイツの国民的帝国主義に関するマックス・ヴェーバーの熱烈な擁護は、一見すると西欧社会の将来についての彼の諸見解と殆んど共通点を持たぬように見える。それは全く帝国主義の本質に関する彼自身の諸結論と甚だしく異っているのである。しかし詳細に検討すればヴェーバーの帝国主義的確信も、やはり世界史の将来に関する広汎なこのパースペクティヴに内蔵されていることが判然するのである。つまるところ、ヴェーバーの自由主義的確信は、少なくとも一八九〇年代に彼の帝国主義的熱情を強化した。ヴェーバーは、予見し得る将来に国民国家が世界政治の基礎的単位として存続するものと考えていたので、一市民として、自己を祖国の政治的命運と同一視することをいささかも躊躇しなかった。このことは歴史における国民国家の役割についての彼の諸見解と完全に合致するところであった。国民国家相互の継続的な抗争は、外交手段によると、経済的手段によるとを問わず不可避であるのみならず、政治的ダイナミズムの主要な源泉でもあった。しかし高度のダイナミズムと活動性が、自由な、あるいは今日の言葉でいえば「開かれた」社会の本質的構成要素であると彼は考えた。従って一方においてドイツの「世界政治」と自己を同一化しながら、同時に、他方においては帝国主義の本質を徹底的に学問的に分析することは彼にとって背理ではなかったのである。

ヴェーバーの思惟における決定的な中心点は、彼が世界史の偉大な革命的な力の一つとした近代資本主義の社会的、文化的諸影響の問題である。彼は、資本主義の起源を入念に検討し、資本主義の発展がピューリタニズムの中に最も純粋な形態が発見されるブルジョワ的諸価値と密接不可分に結合していることを発見した。彼はこのことに誇りを感じ、しばしば自らを「ブルジョワ階級の一員」と自称した。だが第三章で述べるように、マックス・ヴェーバーは近代資本主義の盲目的な礼讃者ではなかった。近代産業資本主義の社会的諸形態を精密に分析し、その非人間的諸側面を見逃すことはなかった。彼は資本主義的諸制度の「形式的合理性」が、必然的に「実質的非合理性」と結合していることを指摘したが、この点で彼はヘルベルト・マルクーゼの資本主義的秩序批判の先鞭をつけたのである。だが彼は安易な二者択一の道は簡単に発見されるものでないことを確信していた。ヴェーバーによれば、マルクスの呈示した解決方法では産業社会において個人の自由をいかにして最大限に保持するかという本質的な問題を解くことは不可能であった。ヴェーバーはマルクスと異なり、主要な問題は私有財産の分配にあるのではなく、経営者の地位を現実的に規制《コントロール》する点にこそあると主張した。というのは、前者よりも後者が、まさに経済的権力の現実的な根源であるからだった。従って生産手段の国有化は労働者を「疎外」から解放するには不適当であり、かえってそれは事態を一層悪化させ、彼らは非人間的な官僚制の無力な餌食となり終るであろう。彼の立場の欠点がその他の点にあるとしても、伝統的マルクス主義に対するヴェーバーの批判の部分的正しさは、一九二〇年における彼の急逝以降の歴史的展開によって立証されたところである。ここからマックス・ヴェーバーが競争的資本主義制度の忠実な擁護者であったという結論が生れる。彼は資本主義がすべての可能な制度のうち最上のものであるとは到底言えないことを否定しなかったが、資本主義のみが最大限の社会的流動性を保障したのであるから、少なくともそれは当分の間、他の一切の可能な制度に対して優位を占めるに適しているものと考えた。特定諸条件の下で、資本主義は、官僚制的世界にあって個人の自由と創造的指導性を保持する最上の機会を提供するのである。

ヴェーバーは同一の理由から、政治的諸論文のみならず政治社会学においても、主として指導の問題に関心を寄せた。「正当的支配の三つの純粋型」の有名な理念型理論は、被治者の側で政治的権威が正当的なものと受けとられる多様な形態を分類しているが、同時にこの理論は、いかなる統治も個人支配の要素を完全に除去することのできぬことをも指摘している。この問題は第四章で、ヴェーバーの議会制民主主義の概念が、「正当的支配の三つの類型」の理論といかによく適合するものであるかについてとり上げられる。意外なのは、ヴェーバーが規定した民主主義的支配が、彼の文脈では合法的支配の価値＝合理的解釈としてよりも、むしろカリスマ的支配の反権威主義的な解釈として現われていることである。このことはヴェーバーの民主主義概念の評価に重要な関係をもつものである。

終章では、以上の諸考察がマックス・ヴェーバーの政治哲学の綜合的解釈に統合される。彼は当時の主要問題が、非人間的な官僚制の進展を阻止する方法と、有効な指導を提供する方法いかんにあると考えた。そこで当然彼は、彼のいわゆる「人民投票的指導者＝民主主義」を擁護する極端な企図に転じた。カリスマ的資質を有する偉大な政治家たちが、官僚制的諸構造の中に最大限の機動性を維持することを助けるに相違ない。彼らは、官僚制的諸制度が存在するにも拘らず、民主主義を存続させ、自己のカリスマ的資質に対する大衆の信頼に基いて、新たな諸目的を社会過程に注入するにちがいない。換言すれば、彼らは、「使命感なき政治家たち」の無思想的ルーティンに対して不断の挑戦を行ない、それによって万能の官僚制的諸構造の出現を志向するもろもろの社会的傾向に立ち向って、「開かれた社会」を開かれたままに持続させるに相違ないのである。カリスマの「非日常的」権力をヴェーバーが頼りにしたのは決して偶然ではなかった。それは深く彼の歴史哲学に根をおろしていたのである。官僚制の時代において、個人の自由と人間性を最大限に達成するには他にいかなる手段も存在しないと彼は心底から確信していた。西欧文明の基本的諸問題の解決手段に関するヴェーバーの提言のすべてが今日容認されるものでないことは当然であろうが、彼の生存した時代から、現在のわれわれを距てている五〇年間を通して、彼の提起した核心的諸問題はいささかもその意義を失っていないのである。

第一章　普遍史家と社会科学者

英語を話す世界では、マックス・ヴェーバーはいつも全体としてではなく、いわば寄せ集め式に呈示されてきた。いくつかの選集はあるけれども、それらは甚だ選択的であって、一般的に言えばそれらに含まれているテクストは、ヴェーバーの学問的な仕事の文脈で持っているそれぞれの位置付けに大きな注意を払っていない[1]。しかし、ただ「ひとりの」ヴェーバーが存在するのでなく、彼の述作は多面的であって、社会研究には実質的な研究にも方法論的アプローチにも明瞭な発展のあることを認めることができる。この点については、ほかの諸点では卓越したマックス・ヴェーバー解釈を行なったタルコット・パーソンズにしても、またマックス・ヴェーバーを実証的社会科学者の眼で鋭く見ているベンディックスにしても、十分明らかにしているとは言えないであろう[2]。一つの観点からだけマックス・ヴェーバーを画くことによって、彼の学問的業績を正当に取り扱うのは殆んど不可能と思われる。しかし彼の知的発展の諸段階を、その底に流れている哲学的諸概念に特別な注意を払いながら検討すれば、彼の一切の業績を貫いている共通の糸を発見することは比較的に容易であろう。マックス・ヴェーバーの主目的は、極度の緊張とピューリタン的な合理的行為の諸原則に準拠して行動せんとする絶え間ない企図に充ちた生涯を通して、二つのこと、しかもその二つを同時的に達成しようと欲していたことにあると言えば、おそらく最もよく要約できるのではあるまいか。

第一に、西欧文明と人間行動の型のみでなく、価値体系の独自性（Eigenart）について純粋な普遍的解釈を下そうとすることである。このことは、全人類史に亘り徹底的に探求された多様な社会についての比較分析によって遂行される必要があった。

第二に、社会科学者が現代社会の諸問題に取り組むことのできるような適切な概念用具を案出し、また一般の人々が自らの個人的諸価値のセットに適合した合理的選択を、その選択可能な、あるいは予測可能な諸結果を考慮しながら行動できるように援助することにあった。

合理的な学科としての社会学についてのヴェーバーの確信は、あの有名な公開講演、『職業としての学問』からも推察されるように、彼自身は積極的に、また明瞭に語るのを常に躊躇してはいたが、実質的には倫理の領域に属している極めて個人的な一つの哲学の中に埋めこまれていた。この哲学は、ヴェーバーが常に自らの内に抱いていた洞察の一切を、思考可能な最も極度な結論にまで押し進めようとした自己破壊的なまでのラディカリズム、あるいは一切の客観的諸価値の存在についての殆んど完全に近い幻滅感という点ではフリートリッヒ・ニーチェに負うところが極めて大きかった。「知識の木の実を食べた時代の運命は、われわれが世界の歴史過程の分析——この分析がどれほど完全なものであるにせよ——から、その本質的な意味について何も学ぶことのできないこと、そしてわれわれはむしろ、自らこの意味を創り出さなければならないことを知るべきであるということである。われわれは、『世界観』が増大した経験的知識の所産ではあり得ないこと、しかもその故にわれわれを強力に衝き動かす最高の理念は、われわれの理念が常にわれわれにとって聖なるものであるのと同じように、他の人々にとっても聖なるものであるところの異なる理念との戦いの中で実現されるよりほかないことをわれわれは認識しなければならないであろう。(3)」ここからマックス・ヴェーバーは世界史のあらゆる種類の思弁的考察に対して、あるいはポッパーの有名な用語、「全体論的《ホリスティック》イデオロギー」――それがヘーゲルやマルクスの末裔であろうと、あるいは、極端に相違する歴史的、文化的構成体の中に姿を現わす「民族精神」といったロマン的観念に立脚したものであろうと――に対して決定的に対立することになるのである。

だが同時に、ヴェーバーの確信は、明確に理論化しようとはしなかったとはいえ、世界史の過程、またはより一般的に言えば普遍史の性格についての独得な理解に基いていた。(4) マックス・ヴェーバーは一般に言われる意味での歴史家ではなかったとしても過言ではないし、彼自身もそのような者として見られることを欲しなかった。しかし彼の業績は、おそらくアーノルド・トインビーのごとき例外事例はあるが、今日までのところ他のいかなる人々にも遜色ないまでに歴史的知識の豊かさを実証している。それのみでなく彼は、歴史過程自体が、史料の綿密な検証によって明証される内在的な意味を有するものであるとする考え方に強く反対していたが、それでもやはりドイツ歴史主義の影響を深く受けていた。「発展思想」(Entwicklungsgedanken) のごときは全くの「ロマンティックな妄想」に過ぎないとしてトレルチを落胆させたものである。[5]

最近、エメリッヒ・フランシスやジョン・レックスは、[6]カルロ・アントーニ[7]のあとを受けて、マックス・ヴェーバーが先ず文化史家として出発し、比較的後期——一九〇八年前後——になって社会的変化の一般法則と理論の学としての社会学に転じたことを論じている。もっとも、初期の諸論文の中でも、しばしば使用された用語、「文化的意味」(Kulturbedeutung) によって解明しようとしてはいるが。一九〇八年までのヴェーバーは、「社会」の概念よりも、むしろ「文化」の概念を使用したが、ヴェーバーの論文では「社会」はかなり後年になってのみ出てくるものであるとフランシスは指摘する。この観察には確かにある程度の真実が含まれてはいる。しかし、歴史的アプローチの顕著なヴェーバー初期の学問的生活の時期と、社会学的研究に専念し、結局未完のままに終ったとはいえ、主著『経済と社会』において頂点に達した後期との間に明瞭な一線を画することが可能とまで主張するのは誤りであろう。ヴェーバーの労作には、事実として二つの時期に通じた一つの特徴が存在しているのである。次に述べるように、理念型的諸概念のセットを発展させてゆこうとする意図がそれであった。そうした理念型的諸概念は、

(a)　現在、過去を問わず、すべての社会的現実に適用可能なものであること

(b)　特定の社会的行為を、直接関連のある個々人にとってそうした行為が何を意味するかという視点からだけでなく、特定の基本的な信念と価値のセットに結び付けられた合理的な方向を求めている人々の見地から説明する有効な概念であることである。ヴェーバーの考えでは、このことは、

社会的、文化的現象を、それらが近代西欧社会に対して有しているそれぞれの意義に特別な注意を払いながら過去の人間的歴史を通じた比較分析によって達成されるであろうということであった。(8)別種の価値判断のセットをもちこむようなやり方でなしに、たとえ鮮明さを欠いた形であっても、この仕方でやってゆこうというのがヴェーバーの最も野心的な、また学問的な目的であった。それぱかりか、彼は、いかに対立する価値態度であろうと両立できるような普遍的な広がりをもつ諸概念の体系を確立しようと苦慮したのである。しかしながら、このことは、あらゆる価値が単純に斥けられたことを意味するものではなかった。むしろ、彼の発展させようと着手した概括化の諸体系は、個々人が自らの究極的な価値観点から、正しい選択を行なうことを可能にするものであらねばならなかったのである。ヴェーバーの見方は、疑いもなく、合理化と官僚制化の過程がもはや再び逆行不可能に見えたこと、しかもそれは、彼が西欧世界の伝統の核心をなすものと信じていた個人主義的生活そのものを危機に突き落とす虞れのあることを絶望的に観察した個人主義的自由主義者の見解とまさに同一物であったのである。

多少乱暴な言い方でもあろうが、このような文化的絶望の態度については、ヴェーバー初期における古代ローマの諸研究が極めてよく表現している。近代産業社会の発展に関するヴェーバーの見解は、ローマ帝国末期の社会制度の背景と対比的に形成された。ローマ帝国では、社会制度は特に奴隷労働と政治的な掠奪資本主義に依存した経済組織と、独占体や国営作業場と各種官僚制度のネットワークによって結局は滅亡した。ローマの農業史、社会史に関するヴェーバーの研究は、その後の彼のすべての業績の中心をなした諸問題に集約されている。彼は、ローマにおいてなぜダイナミックな資本主義が発展しなかったのか、また不可能であったのかの理由を問題にした。ヴェーバーはこの問題への解答を実に普遍的なスケールで試みられた比較分析の方法によって発見しようとした。さらには当時の専門史家たちを驚嘆させるような手法で、普遍的に適用できる新しい諸概念を導入する比類のない能力を駆使した。こうしてヴェーバーの『ローマ農業史、公法および私法に対するその意義』(Die römische Agralgeschichte in ihrer Bedeutung für das Staats-und Privatrecht) と、特に『古代農業事情』(Die Agralverhältnisse im Altertum) の諸研究は、アンドレフスキーによれば、「経済的変化が宗教にいかなる影響を及ぼしたか、戦術上の革新が社会成層にいかなる変化を与えたか、政治権力の分割が資本主義の成長をいかに妨げたか、等々のことを明らかにしている真に構造的な歴史[9]」であった。

ヴェーバーがこうした研究に着手した時、何を求めていたのであろうか。彼は研究の主要な目的が、現代文化との比較において古代末期の文化の明白な「性格」(Eigenart) あるいは「独自性」(Einzigartigkeit) を叙述することにあると明言した。こうしてわれわれの現代文化理解が、間接的ではあっても大いに強化されるであろう。このアプローチはドイツ歴史主義の方法論的確信と合致するもののように見えるかもしれないが、実はヴェーバーは、当時の専門史学の水準を遥かに超えたものを意図していたのである。たとえば彼の比較論的アプローチは、今日の文脈でも同じように適用可能なふうに構想され、普遍化された諸概念をより一層発展させる狙いから出たのであって、当時のオーソドックスな歴史家たちの心情や習慣とは全く無縁なものであった。だがより重要なのは、歴史的事象の「独自性」に関するヴェーバーの理解は、ヘーゲルからディルタイに及ぶドイツの歴史家の態度とは殆んど共通点がなかったことである。彼の理解は、リッカートを継承した用語である「文化的意義」(Kulturbedeutung)と強く結び付いていたが、それをかなり異った仕方で使用した。ヴェーバーによれば、歴史的事象の「独自性」は、それ自体としては無意味であるが、特殊な「文化的諸価値」(Kulturwerte)に照らして解釈される限りにおいてのみ確立される。つまり、歴史的諸事象の「独自性」とは、実にそれらの事象に一つの意味を与える観察者の抱いている諸価値、あるいは諸価値のセットと関係づけられた諸事象の関連性を意味するのである。歴史的事象を、ヴェーバーがリッカートの新カント派哲学に依拠して「歴史的個体」と呼んだものに転化させるのはこの種の「価値関係」である。

ヴェーバー自身の判断では、これはリッカートの文化科学の理論の応用にすぎない立論の筋であった。しかしそこには一つの重要な相違点がある。というのは、ヴェーバーは、新カント派の論者たちが何らかの客観的な「文化的諸価値」の存在を確信していることに賛成しなかったからである。ニーチェの徒である彼は人格の自発的決断以外のいかなる価値基盤も存在しないと信じていた。この点で彼の哲学的立場は、カール・シュミットの業績が連想されて大いに嫌われるかもしれないが、個人主義的決断主義と呼ばれるのももっともであろう。(10) 既述したように、ヴェーバーは、歴史過程自体が、目的論的であると否とを問わずなんらかの意味ある諸原則を具現していることを否定した。

「世界の歴史的諸事象の無意味な宇宙」の「有限な断片」を、「われわれの存在がそこに根ざしている究極的で最高の諸価値」に関係づけることによってのみ、これらの断片がわれわれに意義あるものとなるのである。(11)

このラディカルな立場は、文化科学が単なる主観主義に終ることなしにいかにして可能であるかという困難な問題にヴェーバーを対決させずにおかなかった。一九〇六年以後、ヴェーバーが価値判断禁欲の問題を取り上げたあのラディカルな仕方は、おそらく彼自身の方法理論がこの点で極度に動揺していたことによるであろう。しかしながらヴェーバーは一つの解決の道を発見することに成功した。あるいはより慎重に言うなら、解決の道を発見したと信じた。歴史家のみならず社会科学者は、彼らが取り扱う社会現象の「文化的意義」を指摘するに当って、自らは価値判断の世界に惑溺すべきでないのである。ヴェーバーは価値関係を設定することと価値判断を措定することには重大な相違のあることを繰り返し強調した。学者は価値判断を下すことは避けなければならないが、一方における社会的諸現象と他方における諸価値のセットとの関係を設定することは、まさに学者の最重要な任務であった。なぜなら、学者は「問われている現実の断片が立証し、その結果、その断片が普遍的意義を大なり小なり主張する可能な評価的諸態度」を指摘することによってのみ、読者を助けてこの問題に関し自ら一定の立場をとることができるようにしたからである。(12)

しかしこの解決方法は容易に理解されなかった。従ってこの故に一九一三年、マックス・ヴェーバーが社会政策学会 Verein für Sozialpolitik に提起した価値判断中止問題に関する論争は一般的に不毛のままに今日に至っている理由をある程度説明している。ヴェーバー自身は、価値判断を斥ける方法いかんについての微妙な問題をめぐる論争に結着を付ける鍵として理念型の概念を発見しようと考えたが、同時に、社会的、歴史的現象を、個人的な信念のことがらとして学者が導入する「究極的諸価値」の光に照らして解釈した。このことは一九〇四年にヴェーバーがリッカートに宛てた書簡の中で次のように確証されている。「私はあなたが理念型の考えに賛同して下さいましたことを喜んでいます。理念型の範疇は、評価的判断と価値関係的判断とを区別することが可能になるには何としても必要であると私は考えています。この範疇の正確な呼称のごときは第二義的な問題です。私はそれを、イデアールな限界状況とか、類型的な場合のイデアールな純粋性とか、イデアールな構成物などと一般に言われているものと同じ意味に考えています。かくあるべしとの規範的な含蓄を些さかなりともそれに結び付けてはいません。のみならず、私は、論理的な根拠としてのみ完全であると考えられていますが決して規範的な類型としてではないイェリネックの理念型の用語法を考慮に入れました(13)。」

著名な論文、『社会科学と社会政策的認識における「客観性」』において、マックス・ヴェーバーは、この新しい「理念型的」方法が、いかにして社会科学と文化科学にとって有効であるかを説明した。「理念型」概念は専ら認識論的手段なのであって、いかなる意味においても現実自体を具体化していないことを遺憾なく解明した。従って「理念型」概念の設定は、原理的に自由な選択に属することがらであって、実際的な考慮によってのみ決定されるのである。「理念型」がそうした目的に役立つためには、合理的なレヴェルに立って、つまり論理的に一貫した形式で構成されなければならなかった。さもないと、それは合理的で科学的な学問分野に殆んど用をなさないことになるであろう。のみならず「理念型」概念は、問われている問題のさまざまな側面に留意しながら、ヴェーバー自身の言葉を借りると「理念型」の適用される現実の部分の「文化的意義」にとって特に重要な諸側面を際立たせるように構築されなければならない。たとえば官僚制に関するヴェーバーの「理念型」概念には、自由な個々人によって構成される社会にとって特に危険なものと考えられる諸要素、即ち厳格な規律、厳重な服従、官僚制的諸機能の純粋な形式合理性などが格別強調されているごとくである。「価値関係」の要素が有効性を発揮するのは、「理念型的」な構成諸要素を際立たせるこの機能によるのである。

文化価値の観点から特に重要と考えられるのは、このように際立たせることのできるような理念型の諸側面である。社会諸現象の文化的意義の研究に威力を発揮したものは、「理念型」の有するこの性格であった。ヴェーバーは次のように明言した。「理念型的概念構成の目標は、常に、文化的諸現象の区分とか、平均的性格とかを明瞭にすることではなくて、むしろ文化的諸現象の独自な個性を明らかにすることである。」[14]

一九〇四年のヴェーバーは、まだ文化的、社会的諸現象の体系的研究よりも歴史的研究の領域に専念した。しかし当時、とりわけリッカートが提唱していたような個性化的な文化科学と体系的な文化科学の区別に強く反対した。社会科学はすべて、歴史的傾向をもつものであろうと、一般理論の展開を志向するものであろうと、体系的なレヴェルに立たなければならないと同時に、社会科学が発見したものに対しては、何らかの方法によって、「文化的意義」を与えるところの「究極的諸価値」の立場に立って推進されるのでなければならない。「分析的諸法則の諸体系」を確立することは、それがいかに完璧であろうとも社会科学の究極的目標ではあり得ないだろうとヴェーバーは言う(15)。反対にヴェーバーは、すべて社会研究の究極目的は「文化的現実」に関するわれわれの知識を高度化することにあるとの理由から、歴史的アプローチを、現代社会の重要な部分であると弁明した。そしてこのことは、既に見たごとく、特定の文化的諸価値から見た社会的諸現象の特殊なセットの解釈をも意味していた。「文化とはマックス・ヴェーバーにとって、先験的な現象でない一箇の概念であり、世界の過程の無意味な無限性の有限な部分なのであって、人間がそれに意味あるいは意義を賦与する部分にほかならない」ものであった(16)。

ヴェーバー自身の方法論における普遍史的アプローチと社会学的アプローチの交差が最も明瞭に窺えるのはこの点においてである。ヴェーバーは、「われわれの学科が、経済的性格を有する特殊な文化的現象を、経済的であるかもしれず、またそうでないかもしれない何か特殊な原因から発生したことを示すことによって、つまり、原因遡及的な方法によって説明しようと努めるなら、それだけこの学科は歴史的知識を追求しているのである。この学科が、文化的生活の特殊な要素を、換言すれば、全く異質な文化的文脈を通してでも、そこに経済的要因を追求してゆく限り、それは歴史的解釈を特定の目地から解釈しようと企てているのであって、また文化の包括的な歴史的認識への道を拓く部分像を提供しようとしているのである」[17]とまで断言している。この引用文末尾の文章は強調に値する箇所と思われる。というのは、ヴェーバーの学問的業績の多くのものがこのカテゴリーに属しているからであって、特に世界宗教に関する社会学的解釈がそうであるからだ。

このように見てくると、マックス・ヴェーバーは、その知的発展の初期の段階では、社会学者であるよりも、文化史家であったという議論が確認されるようにも思われるであろう。しかし、この点はかなりに限定されなければならない。まずヴェーバー自身は、彼の生涯を通して、一九〇三年から一九〇七年の間に論じた方法論的立場に忠実であった。彼は、事実、一九一三年に研究上の戦略に相当な変更を加えたが、理論的な諸論文に現われた認識論的諸原則は些かも撤回する必要を感じなかった。依然としてそれらに依拠し続けたのである。彼は常にすべての社会的諸現象の歴史的側面に深甚な注意を傾けていた。というのは社会的諸現象の文化的意義が確証されるのは、この態度を貫くことによってのみ可能とみていたからであった。それは彼の学問的業績の目的であったというよりも、むしろ一九一三年以降、内容的な変改を加えられた多彩なアプローチだったのである。以後ヴェーバーは、より高次のレヴェルで、またより体系的な方法で、真に普遍的なパースペクティヴに立って、自由なブルジョワ社会の将来の展望に最も意味ありと考えた社会的諸現象を分析したが、基本的な関心は依然として変わるところがなかった。マックス・ヴェーバー後期の述作は、本質的に文化の「部分像」の多様性を、人類史における多種多様な諸社会について、利用し得る限りの知識を評価することによって、「包括的な文化理解」に極力接近するために、「理念型」の一般的枠組に組み入れようとする入念な試みであったといってよかろう。第二に、彼は、初期の理論的諸論文においてすら、社会諸科学が、今日、文化的、歴史的研究とよばれているものに限定されねばならないとは決して主張しなかったことを忘れてはなるまい。それどころか、彼は最初から、社会的諸事象を、歴史的方法を駆使しつつ、個性的な歴史的諸原因と結び付けた諸研究と並行して、社会科学というものは、多様な社会や、社会的諸現象の比較分析によって、当時多少とも一般的に有効性を認められたものと考えられた諸概念と諸理念型のセットを構成しなければならないことを立証した。エドヴァルト・マイヤーとの論争で、ヴェーバーは、歴史研究もやはり、「われわれ自身の文化のみならず、いかなる文化の歴史にも適用できる文化的発展に関する一般的諸概念、諸類推、諸規則」を構成するに役立つのでなければならないと指摘した。(18)

しかし、一九〇三年頃のマックス・ヴェーバーは、この点について、まだ多少曖昧であったことも認めざるを得ない。彼は、特定の社会現象を、その文化的意義に照らして分析しようとする歴史的社会学の、そして、過去、現在における社会的現実の特定部分の解明のために使用できそうな理論的概括化の発展を期待しながら、最終的には歴史的時間の要因を処理できそうな体系的社会学の開拓者であった。

初期の学問的生涯におけるマックス・ヴェーバーは、この第二の目標よりも、第一のそれを追求したことは明白である。偉大な世界諸宗教に関する分析のみでなく、『プロテスタントの倫理と資本主義の精神』に関連した諸論文は、主として第一のカテゴリー、即ち歴史的社会学に属している。

ヴェーバーは、『プロテスタントの倫理』において、近代産業資本主義の文化的意義は、成熟した資本主義が、それ自身の出現のため必要不可欠な前提条件であった社会的行為の諸価値と諸形式が存在しなくても存続し得た点にあると見た。ヴェーバーの見地では、資本主義の合理化は、何よりも、独自な歴史的現象、即ちピューリタン諸教派の、「世俗内的禁欲主義」の所産であった。彼は、自説を消極的に ex negativo 確証するために、主として他の偉大な世界諸宗教の研究に手を付けた。その結果として、なぜ、「近代資本主義」、「近代科学」、独自のイデオロギー的見解を有する階級としての「ブルジョワジー」、近代行政国家による政治的秩序の合理的組織、「合理的な法律」、さらには、「音楽の合理的な形式」にいたるまでが、西欧においてのみ発達したのであろうかと問う普遍史家たちに対する完全な解答を発見したと彼は確信した。世界諸宗教の社会学に関するヴェーバーの諸論文の序論は、（短文ではあるが）普遍史の実質的な概要と言えよう。(19)

一九一三年までのヴェーバーの諸業績に見られる普遍史的、社会学的アプローチは、密接不可分に関連し合っている。このことは、彼の社会学的な研究である『都市』について特に然りであって、それは一九一三年前後に書かれたらしく、ヴェーバーの諸論文に発見される、歴史的対象に対して「理念型」の方法を適用したものの最も顕著な実例であろう。そこには、細目に亘って、都市的文化の殆んど無限ともいうべき多様性の体系的な概観が描き出されている。だが、『都市』を一つの実証的研究であるとするのは、その言葉の意味如何に拘らず、誤解を招く虞れなしとしない。というのは、そこには、「文化的意義」の基準が——その文脈でヴェーバーが用いた概括化の諸類型を多少とも立ち入って検討しなければならないにしても、——明瞭に看取されるからである。彼が細心の注意を払い、また自らの論旨のすべてがそれに対して、さらにはそれをめぐって整序されているのは、中世ヨーロッパの商業都市における政治的にアクティヴなブルジョワジーの成長であった。ヴェーバーによれば、アルプスを越えた中世ヨーロッパ諸都市の職人と商人とが、あらゆる掠奪的行為——経済的利益の政治的搾取、または独占的慣行によって超過利潤を追求する資本主義——を放棄し、その代りに比較的小規模ではあるが、確実な経済的利得を約束する経済活動の合理的追求に乗り出したことは極めて重要であった。こうして伝統的な政治的権威に対する彼らの抵抗が、まさに近代民主主義国家の必然的発展の諸基礎を設定したように、彼らは近代資本主義発展の本質的な前提諸条件を創り出したのである。

しかしながら、一九一三年頃に、ヴェーバーの方法論的アプローチに一つの重大な変化がうかがわれる。「理念型」は、突如として、社会学的研究の唯一の方法論的用具たることをやめて、「理念型」それ自体が研究目標となった。ヴェーバーは、経験的現実に適用さるべき文脈とは無関係に、ますます理念型そのものの精緻な体系確立に関心を示すようになって行った。その出発点が、一九一三年に『理解社会学のカテゴリーについて』(Über einige Kategorien der 'verstehenden' Soziologie) であった。[20] この論文——その続篇は遂に書かずじまいだったが——は、「理念型」の構成を意図し、社会的行為の意味の理論を発展させることを主要目的として考えられており、社会史的分析は背後に退いて、むしろ単なる注釈になっている。ヴェーバーは、ここでは「ゲマインシャフト行為」（Gemeinschaftshandeln）と「ゲゼルシャフト行為」（Gesellschaftshandeln）の基本的二分法を指摘する。前者は、個々人がしば主観的、あるいは感性的な、だが多少なりとも彼らすべてが共感する価値志向的な諸原則と合致する行為を意味している。後者はそれに対して、純粋に目的合理的諸規則（Zweckrationale Regeln）の体系を根拠にして、行為者の個人的諸動機に如何なる考慮も与えることのない社会的相互作用関係の一つの形態として確定されている。

こうなると、マックス・ヴェーバーは、完全な意味での社会学者として自らを確立したかに見えるであろう。だがそのように理解すると速断にすぎる。立ち入って検討すれば、外見的には価値中立的な性格をもつこのような概括化は、仮説の形で定式化されたに過ぎないにしても、やはり考慮のうちに入れざるを得ない世界史の将来に関する基本的な諸仮定に立脚していることが分ってくるからである。「ゲマインシャフト行為」と「ゲゼルシャフト行為」の二分法は、その「意義」――以下「文化的」という形容詞を省略する――を次の仮定から導き出している。即ち、歴史の全般的な一つの傾向として、多様な「了解行為」（Einverständnishandeln）を犠牲にする「ゲゼルシャフト行為」の着実な進行が、あるいは、もっと直截に言うなら、社会生活の全局面において、社会的相互作用関係の官僚制的諸形態の不可抗的な進展が存在するという仮定からである。「歴史的事象の発展の道は、個別的な場合にも、また具体的で合理的な諸目的団体の諸定律から、相互的了解に立った社会的行為がその中で支配的要因となる諸定律の制定へと向かうことがあるといってよかろう。しかし一般的に、過去の歴史的発展に関するわれわれの知識に立つなら、相互的了解に基いた社会的行為は、必ずしも常に社会的に規制された行為の諸形式（Vergesellschaftung）によって置き換えられるわけではないにしても、相互の了解に基いた諸行為の目的合理的な（Zwekrational）規制であり、また特に目的合理的な基礎に立って組織された団体へと、諸目的団体が絶えず（自発的に）変って行くことを確認することができる筈である」。[21] これはいかに形式化されているにしても、実質的には一つの歴史的叙述であることは明白である。普遍史に関するヴェーバーの考え方は、この文脈では決して明らかにされていないが、ほぼ見当が付くように思われる。個人的に自覚された社会的行為が一切排除され、新たなタイプの人間――完全に型にはめられた専門人（Fachmensch）によって支配される新しい「隷属の鉄の檻」へと前進しかねない西欧社会の将来に関する彼の見解が背後に潜んでいるにも拘らず、このような社会学的概括化の意義について考察するための理論的枠組として有効だったのである。

このことは、ヴェーバーの主著『経済と社会』の、正確に言えば、その最後の部分にもそっくり妥当するところである。しかしヴェーバーは、歴史的観点をますます背景に押しやって、歴史的時間がもはや重要な役割を果たさなくなる社会的行為の多様な形態に関する「理念型」の一般的体系化を何とかして構成しようと全力を傾けた。こうした傾向は、『経済と社会』の諸部分の構成された日付けに照らして区分する時に明らかになってくる。『経済と社会』は、いわば一つのトルソであるのみでなく、いくつものトルソの混合体であって、しかも、もしマックス・ヴェーバーが、自分の考えた通りに事を運んでいたのであれば、決定版は出版社の手に渡っていたことであろうが、不幸にも、われわれの利用可能な諸版は、この事実に十分な配慮を行なっていないのである。『経済と社会』には、少なくとも三つの異なった層があり、それらは、かなり重なり合っているのである。[22]そのことは「正当的支配の三つの純粋型」理論の場合に、極めて明瞭に立証されているところであって、それについては、少なくとも三つの異なった説明が発見される。最も古いものは、「組織を通しての支配——支配の妥当根拠」[23]であるらしく、それに「官僚制的支配」と「家父長制的支配」、さらにその多様な歴史的諸論文、そうして最後に、「カリスマ的支配」[24]に関する後続の諸部分で論述された長文の説明が随伴している。一九二二年、初めて独立の部分として公刊された『正当的支配の三つの純粋型』論文は、その日付けを判定するのに最も困難なものであるが、ヴィンケルマンと異なって、私は、文体だけの理由ではあるが、かなり遅く一九一八年前後とすべきものと考える。[25]これら三論文を比較すると、文体においても、諸類型の定義の厳密さにおいても相違していることが判明する。最も古い論文は多量の歴史的資料を含んでいるだけでなく、歴史的現実における特有な一つの傾向、即ちカリスマ的支配から伝統的支配、そうして最後に官僚制的支配の諸類型にいたる発展が存在するという想定をうかがわせるような徴候すら示している。しかし後期の諸論文になると、この三つの層をなしている類型論が、現実の歴史過程の反映であるかの如くに読者に受けとられそうなものをヴェーバーは一切取り除いてゆこうと苦心しているように思われる。この点で、後期の諸論文には、歴史的事例に関するすべての言及が、いや増しに論議の主流から離れて行く傾向を強めていることが極めて注目される。最後の論文となると、歴史的資料は、専ら例証のためにのみ利用されている。つまり、社会的行為の特殊な歴史的形態に関連した社会的現実の解釈から、全く異なった歴史的文脈において発見される個々人の、あるいは個々人の集団の社会的行為に関する可能な類型の輪廓を描出しようという、極めて概括化的な解釈へと決定的に移行しているということである。

『経済と社会』の末尾に近い箇所で、ヴェーバーは、社会的現実を理解するために、普遍的な概念枠組を構成せんとする自分の試みは、いかなる歴史的アプローチとも実質的に相違するものであって、初期の諸論文では述べることのできなかったところであると明言している。こうして、社会学は、彼が一〇年も前に、社会的諸現象を理論的諸論文で概括したような、「文化的意義」によって解釈さるべきものではなくなっていた。ヴェーバーはこう断言する。社会学は、社会的諸過程〔Geschehen〕(27)の類型的諸概念と概括化された諸規則……を形成するけれども、それに比べて歴史学は、文化的意義を有する個別的行為、構造、人物の因果分析や適切な説明を追求する(28)」、と。だが、これだけで一切が語りつくされたと考えるのは誤りであろう。ヴェーバーは次のように述べているからだ。「社会学が諸概念を構成するに当って特に利用する経験的資料は、それだけとは言わないにしても、主として歴史家の観点から見て重要な現実的行為の過程である。社会学的概念構成と、社会学的諸規則の探求は、文化的意義をもつように見える社会的諸現象の歴史的、因果帰属関係を確定するのに役立つか否かの見地から、特に――それだけというのではないが――なされるのである(29)」。この言葉の後半部分は、われわれの現在の文脈から特に注目すべきである。というのは、ヴェーバーが、社会的行為の「理念型」の普遍主義的な体系化の構成に着手した時、彼は、経験的現実の単なる価値中立的記述を試みる以上のことを明らかに意図していたからである。「理念型」に関するマックス・ヴェーバーの印象深いカズイスティークは、歴史的資料の全内容を慎重に処理してはいるけれども、その核心的な部分には、普遍史についての彼の個人的な見解が刻みつけられているのである。ヴェーバーは、確かに、社会的諸現象の方法論的アプローチでは、全く新たなレヴェルに到達したが、少なくとも西欧的伝統の中に育った人々には、文化的意義がありそうに思われる普遍史的過程の展望を予測するのに適合する諸概念の構成を意図していたのである。そのために、ヴェーバーの理解社会学から、手当り次第に役立ちそうな社会学的概念を、それらが使用されている文脈に十分な注意を払わずに拾い上げることは、多少危険である。ヴェーバーが、しばしば諸概念や諸理念型の安易な供給源に過ぎぬかのようになったのは非常に不幸なことである。彼の普遍史の理念型的体系化は、西欧社会の将来についての一連の諸仮定によって、また、社会的相互作用関係と巨大な官僚制の目的合理的な諸形態に支配された発展しつつある社会的諸制度の中で、なんらかの究極的諸価値に身を委ねている知的な人々に課せられた役割によって、かなりに大きな影響をうけたことは殆んど疑えないところである。

このことは、彼の主要な諸概念、たとえば、官僚制の「理念型」を構成したヴェーバーの仕方をみれば確認されるであろう。官僚制の「理念型」は、彼が西欧における個人主義的、自由主義的社会将来の運命に特に関係があると考えた諸要素を強調するために周到に構成されたものであった。

社会学者の中には、ヴェーバーの官僚制概念——それが服従と規律の形式的合理性の果たす役割を過大視する限りにおいてである——が、現代官僚制の経験的現実と決して適合しないものであることを発見したのも無理からぬことではある。だがそれは彼が意図してのことであった。というのは、「官僚制」の「理念型」は、本来、近代官僚制の発展は西欧型自由社会に生きる良心的な市民と、より広い意味で非西欧的社会に生きる人々に対して有する偉大な文化的意義を正確な用語で確定するための一つの基準として役立たせようとして、ヴェーバーが入念に構想したものだったからである。こうした事情を考慮に入れると、ヴェーバーの「官僚制」の「理念型」を一面的な概念に過ぎないように批判することは誤解を導く虞れがある。なぜなら、それは、真に普遍的なレヴェルに立って理解を獲得するための認識論的な用具として役立たせようとする意図的な「一面性」であったからである。

マックス・ヴェーバーの権威理論についても全く同じことが言えよう。この理論は、一方における有能な、つまりカリスマ的な指導と、他方における無反省で、しかも訓練された被治者の服従との間に、基本的なダイコトミーが存在するという仮定から抽出されている。ヴェーバーの主要な関心事の一つは、真のリーダーシップが、いかにして現代官僚制的政治諸制度に供給されるかということだった。まさにこの故に彼は、指導者選抜の方式が、支配の多様な類型の分類にとって基本的な重要性を有するものと考えたのである。

西欧産業社会における人間疎外の傾向に関するヴェーバーの関心は、彼の理解社会学、特にその後半部分に明瞭に現われている。『経済と社会』は、一つのテーマ——即ち、特に強大な社会的な力としてのカリスマの果てしない闘争——に関連しており、ヴェーバーはカリスマを、一方では個人の創造的な活動と、他方では官僚制化と合理化を日常化する力と殆んど同視した。日常化と合理化は、純粋に目的合理的な社会的相互作用関係の諸形態に支配される硬直し切った社会的諸構造を生み出すことになるだろう。ヴェーバーの意見では、この日常化と合理化とは、新しい人類——いかなる場合にも、ただ自らの直接的な物質的必要によってのみ規定される、知的な地平の彼方に横たわるところの諸目標には、もはや何らの努力をも傾けようとしない人々——を出現させる結果になるだろう。カリスマ的リーダーシップは、この傾向を、少なくともある程度阻止できるのではあるまいか。このように考えてヴェーバーは、社会的に創造的な行為のタイプとはいかなるものかについて、いよいよ関心を深めるようになった。[30] しかしヴェーバーは、カリスマ的突破や革命を、現代官僚制諸社会をとり囲んでいる諸種の困難性からの唯一の脱出口として弁護したわけではない。彼は、現在の諸条件の下で、カリスマ的リーダーシップは、そのリーダーシップが生み出す新しい刺戟が、単なる浮き草のような従者たちによってではなく、合理的なタイプの社会的組織によって補完される時にのみ、何らかの永続的意義を獲得できるであろうと主張した。換言すれば、そもそも、何らかの持続的性格をもつものが達成されなければならないとするなら、「カリスマ」と「合理化」の有する社会的な諸力が、純粋な形では永遠対抗関係にあるにも拘らず、創造的カリスマと合理化はともにその力を結集せざるを得ないのである。カリスマ的リーダーシップの素質をもった人物の出現は、それぞれのカリスマ的使信によって啓示された究極的諸価値に従って「従者たち」を説得し、「従者たち」の社会的行動を合理化させることができさえすれば、社会的諸組織に対する一つの影響力になるであろう。

そこで、マックス・ヴェーバーの記念碑的な社会的行為に関する「理念型的」理論を基礎づけている意図は次のように要約できるであろう。即ち

「理念型的」構想は、第一に、学者が、現在、過去、将来の社会を通じて、把握できる程の拡がりをもった個人的な創造的行為が、そこにおいて生起する諸条件を誤りなく評定できるようにし、第二には、それぞれの社会の文化的意義を指摘できる基準として役立たせるために企図されたものであった。このことは、特に「社会的行為」(31)に関するヴェーバーの「理念型的」分類と、「正当的支配の三つの純粋型」の場合にも妥当するところである。(32)マックス・ヴェーバーは、ただ純粋な目的合理的な社会的行為の諸形態と、形式合理的な官僚統治に支配される社会的組織が、結局出現するに至るだろうと推測するだけで満足したのではなかった。彼の印象深い「理念型的」諸概念の体系化は、読者が自らの最高と認める諸価値と、究極的諸目標の観点に立脚して、特定の社会的現実の文化的意義を独力で発見することができるようにと期待して構想されたものでもあった。ヴェーバーが過去三千年を越える人類史の壮大な展望から判断した西欧社会の将来に関する確信は、随分骨の折れる解釈の末に、辛うじて間接的に理解されるに過ぎないのである。

もしわれわれが、ヴェーバーの歴史的社会学の根底に潜むものをより一層十分に再発見できるよ

うになれば、それは社会学にとっても、歴史学にとっても、一つの新たな刺戟を与えるでもあろうことを一言してこの分析を一応終らせたい。というのは、精緻を極めた術語を使用して経験的現実を単に叙述することよりも、社会的現実を、人類の将来のみならず、過去についての有意味な諸仮定の光に照らして理解することは、今日のところ、未だ超克されていない試みであるからである。

第二章　国民主義的権力政治と帝国主義の擁護者

マックス・ヴェーバーは、いくらかの条件付きではあるが、第一次世界大戦を遥かに遡るドイツにおける議会制民主主義の忠実な支持者であった少数の自由主義者の一人だったといえよう。ヴィルヘルム二世の「個人支配」と、西欧世界にドイツに対する完全な否定的イメージをつくり出すのを助けたヴィルヘルムの衒気たっぷりの大言壮語に浴びせたヴェーバーの痛烈な批判は周知のところであったし、彼の指摘した論点については相当な共感をよびおこしたところであった。また有力誌フランクフルター・ツァイトゥングの広く読まれた一連の論説に載せられたビスマルク憲法とその諸欠陥に加えたヴェーバーの激しい攻撃は、第一次世界大戦の数年間を覚えている人々の心になお残っていたところであり、それだけに一九一七年六月、ヴェーバーが述べた憲法即時改正論は改革運動に格別強力な影響を与えた。一九一八年から翌年にかけて、秩序の回復と議会制民主主義確立のために、ドイツのブルジョワジーに対し、社会民主主義者と協力すべき義務を説得しようとしたヴェーバーの熱心な企ては、世論にも持続的な刺戟を与えた。国民によって直接選出される大統領制をとの彼の雄弁なキャンペーンは、こうしてヴァイマール憲法に具現された。このことは、確かにさまざまな要因の競合——特に、全能の議会が、社会主義者に危険な武器を握らせることになりはすまいかというブルジョワ諸政党の危惧の念——によるものであったにしても、多くの人々は、人民投票的大統領制の導入をヴェーバーの功績と認め、彼の実際に果たした役割を過大に評価した。このような事例は、すべて、一九二〇年六月一四日の彼の急逝後に生じたところであり、マックス・ヴェーバー像の一部となった。

マリアンネ・ヴェーバーをめぐる「ヴェーバー・サークル」（その最もすぐれたメンバーは、カール・ヤスパース、カール・レーヴェンシュタイン、メルヒオール・パリュイ、それに当時はまだ学生だったエドヴァールト・バウムガルテンだった）の中に、ドイツ史における最も暗黒の時期の一つにおいて、マックス・ヴェーバーこそ、ドイツ国民の有力な政治指導者だったが、彼の任職は受け入れられなかったという見方が出ていた。要するに、当時の専門政治家たちは、ヴェーバーに与えて然るべき影響力行使のチャンスを容認することを拒否したのである(1)。この言い伝えは特にドイツ知識人の間に拡がり、ヴァイマール共和国の失敗は、何よりも、第一級の政治指導者を欠いたところに原因があったということを多くの人々が信じるようになり、受け継がれたものと思われる。

一九四五年から一〇年間に亘るドイツの政治的、知的風土は、主としてヴァイマール期の文化的諸伝統の復興によって形成された。二〇年代における指導的政治家や知識人のある人々は、今や再び、ドイツの公的生活に枢要な地位を占めるようになった。ヴァイマール体制と、一九一八年以前のドイツ的伝統における民主的諸要素への信頼感は、国家社会主義の支配した期間では、ドイツ民族の名において全世界に向けてなされた怖るべきニュースによって、手ひどくゆるがされたけれども、やがて次第にドイツ国民の中にある程度の政治的自信を回復させるのに役立った。そうした状況において、マックス・ヴェーバーが、再びドイツ民主主義の「祖父」の一人として考えられるに至ったのも偶然ではなかった。J・P・メイヤーの『マックス・ヴェーバーとドイツ政治』——本書は第二次世界大戦中に書かれ、その中でヴェーバーが、現代ドイツ史のコースに破局を齎らした責任の一半を負うべき「新しいマキァヴェリスト」として描かれた——も、ガースとミルスによるマックス・ヴェーバー政治思想の穏健ながら、批判的でリベラルな評価も、あまり大きな注意を惹かなかった。(2) しかし他方では、ヴェーバーの政治的見解と、ヴィルヘルム体制におけるヴェーバーの役割についての批判的分析は、かなりの反響を喚び起こさざるを得なかった。古い世代の人々は、既に一九二〇年代に確立していた見方でヴェーバーを見ることに満足した。彼らには、ヴィルヘルム時代におけるドイツの国家と社会につきヴェーバーが徹底的に論究した批判は、ドイツ史再評価のよい出発点であるように受け取られた。しかし、近代化された自然権哲学の線に沿った米英占領行政の教育政策によって「再教育された」戦後ドイツの若い世代となると、そのような考え方に従うことはかなり困難だった。国家社会主義の害悪は彼らの心になお鮮明であり、これまで多少なりと民主的と思われたイデオロギー的地位を彼らはより慎重に検討することができたのである。一九五八年の拙著『マックス・ヴェーバーとドイツの政治』は、実に、このような知的風土によって触発されたものであった。ヴェーバーの政治的諸論文を表面的に検討するだけでも、ヴィルヘルム治下のドイツに対する彼の批判や、議会制擁護論のみでなく、今日のドイツ人が既に克服したと誇っているドイツ積年の伝統と思われる態度である権力政治の必然性に関する彼の強調と熱烈なナショナリズムがついに立証されざるを得なかったのである。しかし、他方では、ヴェーバーの政治思想のこうした特徴を与えられた諸条件の下で明るみに出すとなると、必然的に強い反撥を呼び起こさずには済まなかった。というのは、そのような暴露は、ヴァイマール共和国と、ヒットラー支配の外傷体験を味わった古い世代が避けて通った最近の過去のタブーを破ったからである。こうして展開された数々の議論は、レイモン・アロンの次の言葉によって最もよく要約されよう。「ヴェーバーの政治論をこのように再解釈することは、新しいドイツの民主主義を『建国の父』、栄光の先祖、天才的な代表者の手から奪い取るものであったから憤激をひき起こしたのである(3)」。

初めはこのことは、ドイツ人の一部に限られた些細な争いごと (les querelles allemandes) の部分に過ぎないように見えたが、やがて間もなく、大変な問題であることが明瞭になった。社会学と政治理論におけるヴェーバーの学問的業績と、彼の政治的信念との間に、明確な一線を画することは困難であるといっても過言でない。むろんヴェーバーは政治と学問を極力区別しようと努め、学術語の薄いヴェールに多少なりと被われている皮相な「価値判断」に溺れ込むことのないよう警戒した。しかし、この事実をもって、しばしば試みられたように、ヴェーバーの社会学的業績を否定せんがための戦略基地にでもしようとすれば誤解のもとになり、また結局は徒労に終るだろう。実に、ヴェーバーの学問上の仕事と、政治的信条の間には緊密な結合関係があって、ある意味では栖の両面ですらある。ヴェーバーの学問的な仕事は、もともと、極めて基礎的な性質をもつ政治問題の諸考察によって実質的に刺戟された結果だったのである。

この観点からすると、ナショナリズムと帝国主義に対するヴェーバーの態度と考え方を評価する価値はあると思われよう。それには、当時の政治に対して、ヴェーバーが果たした役割、ナショナリズムと帝国主義の諸問題に関する彼の理論的見解をも、同じように考察しなければなるまい。

マックス・ヴェーバーは、ドイツ国民自由主義に刻印された知的風土の中で成育した。青年期にこうした政治的信念の基本的前提のいくつかに対して疑問を抱き始めたが、やはり、一八八〇年代、一八九〇年代の多くの国民自由党の人々と共通したナショナリスティックな態度をとったことは疑えない。ドイツ国民国家の権力と威信を高めることは、すべての政治の根本的な指針でなければならぬと主張した時に、彼はドイツ中産階級に属している大多数の人々の立場と、それほど異なっていなかった。ヴェーバーは、多数の同時代人と殆んど同じように、ナショナリズムのイデオロギーと国民的威信の観念によって支配されている時代から決定的に影響されていたことに注意すべきである。

ヴェーバーを、当時の人たちの中で、格別際立った存在にしたと思われるのは、彼が他の人々ほどナショナリスティックではなかった点にあったのではなくて、社会的、政治的生活の全域に亘って、「国益優先」の原則を、かなり若い時から公然と主張していたことと、どのように適切な理由や弁解の道があったとしても、安易な妥協を拒否したところにある。彼がある特殊な意味で、合理的ナショナリスト――ネーションの観念を、政治と経済における最優先的な究極的価値として強調した限りにおいて――と呼ばれることができるのはこのためである。マックス・ヴェーバーは、自らの知的、学問的活動だけでなく、彼の一切の政治的活動をこの原則に従属させようとし、またそのことを厳格に実行した。この事実こそ、当時、彼が頑強なナショナリストであるように受け取られた理由を説明するものであろう。少なくとも一般的に言えば、マックス・ヴェーバーは、近代ナショナリズムと帝国主義の本質に関する彼の学問的諸考察とは一見てし調和し難くみえる「国益優位」を、生涯を通じて一徹に固執し続けたのである。

ナショナリズムの問題が彼の学問上の仕事に初めて入り込んできたのは、一八九一年、社会政策学会 Verein für Sozialpolitik のために着手したプロイセン東部地域における農業労働者の社会的状態についての研究の文脈においてであった(4)。そこに含まれた諸論点は、一つの重要な側面をもっていたのである。一八八四年以来、ドイツ国民、わけても国民自由党の人々は、プロイセンの東エルベ地域の漸進的「ポーランド化」というふうに見えたもの――ますます大量にドイツ人農業労働者が西方へ移住しつつあることと、他方では、政府の規制によって困難にはなりつつあったものの、主としてガリシヤからのポーランド人労働者が、続々としてこれらの地域に流入し来り、相当大量な数がそこに定着しつつあったこと――に、かなりな関心を示していた。ヴェーバーの参加した調査計画は、この地域にドイツ人労働者を維持し、そのことによって、これ以上のポーランド人の流入を阻止するに適した立法措置を発見するために社会政策学会が手を着けたものであった。

ヴェーバーは関連の諸問題を徹底的に調査した。彼は、当時としては革命的とも思われる実証的研究のテクニックを駆使し、蒐集された経験的資料から抽出した東エルベ地域の農場労働者の絶望的な状態を生き生きと叙述した。しかし彼は、単に、それぞれの地区におけるドイツ生まれの農場労働者の生活改善に役立つ立法提案を作成するだけでは満足しなかった。彼は、社会政策によって彼らの生活改善を図ることに問題の焦点があるのではないことを断言した。ドイツ人農業労働者の西方移動の原因如何こそ、遙かに根本的問題であったからである。ヴェーバーはその原因を次のように述べた。

一　地主および地主の農場で働らく労働者間の、伝来的な家父長制的結合関係の崩壊をひき起こした資本主義的生産方法の着実な発展

二　それとともに、「解放」を求める農場労働者の非合理主義的な欲望

三　プロイセンのユンカーは、何よりも経済的諸理由により、農場労働者の「故郷からの脱出」を阻止できるほどにまで、その生活諸条件を改善してやれるような立場にはなかったという事実がそれであった。所与の諸条件——ドイツ市場における外国の農産物生産者との競争という経済的圧力（一八四八年は、ヨーロッパ農業恐慌の絶頂期であった）の下にあって、ポーランド人労働者の賃銀は、彼らよりも幸運なドイツ人農業労働者のそれに比して著しく低かったから、地主が経済的に生き残るには、ドイツ人労働者よりも低賃銀であるポーランド人季節労働者を雇傭しないわけにはゆかなかったからであるとヴェーバーは考えた。

これらの結果を分析して、ヴェーバーは、プロイセン東部地域におけるドイツ人の維持と、最大可能な強化、育成の原則に導かれた。この原則は彼にとって決定的なウェイトをもつものであったといっても過言でない。こうして彼は、当時の人々には随分ラディカルに見えたであろうが、完全に論理的だと思えた結論に達した。ヴェーバーは実際的措置として次のように提案した。先ず、ポーランド人の移民禁止のみならず、一切の季節労働に対するドイツ東部国境閉鎖、第二に、東部の大土地再分割と小農場経営への漸次転換である。それによって、小農場に雇傭される労働力に関しては自給的となり、また実質的には市場目当ての生産が終ることになるであろう。こうした措置をとるならば、農産物生産はかなりに低下するであろう。しかし、ドイツの国民的利益は、現在以上の農業生産物の増産を全く必要としていないのであり、むしろ、今日の言葉でいう、「種族的《エスニック》」環境保全こそ必要としているのであるというのが彼の見解であった。ユンカー貴族——彼らの社会的伝統は農村における大土地所有を基礎にしてのみ可能な生活様式と結び付いていた——の特権も、同じように国益に譲らなければならなかった。

ほかのすべての考慮と特権は、国民国家の維持、高揚の最高利益に従属すべきであるというこの立論は、一八九五年のフライブルク大学での有名な「就任講演」の中心テーマとしてヴェーバーの選んだものであった。(5) 彼はこの講演において、国民国家の利益が、他の一切の考慮に絶対的に優越すべきであること、そうして現実政治の場のみならず、立法と政治政策の決定過程に積極的な役割を演ずる学問的領域においても同様であることを明確にしようと全力を傾けた。国民経済政策学

Volkswirtschaftspolitik を自称する学科は、国民国家の利益を、社会経済政策や、社会福祉立法に関する諸問題の唯一正当な基準として容認すべきは当然の理であると彼は考えた。科学は、日常生活だけでなく研究の方向づけにも有効と思われる発見物から、究極的な諸価値を抽き出せるものではあるまい――そんなことは全く不可能である――とするヴェーバーの有名な議論が力強く断定される。しかし、この文脈には、一切の学問上の仕事――一般民衆にも政治家にも、専門的助言を与えることの期待されるすべての学科において――のために、「国家理性」の原理を究極的な指針として、自由に適用できる道をつけておこうという意図があったことは明らかである。

このラディカルな立場の主張は、当時の人々を驚かせた言葉で表現された。彼の「就任講演」が聴衆に呼び起こした興奮を知って彼は喜んだようである。それは、社会的ダーウィン主義的で、ある程度人種主義的な観念を混入した戦闘的ナショナリズムを示す語句にみちていた。ポーランド人は、少なくとも文化的にかなり低いレヴェルにある限り、ドイツ人に比べてより劣った人種であるというヴェーバーの主張は、彼がポーランド人の性来的な人種的資質によるのではなくて、むしろ経済的、社会的後進性のためであるとしたことを考慮に入れるにしても、今日の読者には奇異にひびくであろう。

ヴェーバーの推理の中心は、本質的に「人間に対する人間の抗争」であって、それは、資本主義制度の成長によって創出された社会経済的諸条件の下で、より一層熾烈になったのであるとする点にあった。ヴェーバーは、社会生活の、特に国民文化の運命が、なんらかの権力行使に依存するものであるという基礎的事実につき、自己を欺いてはならないと熱心に主張した。彼の考えによると、力に訴えることが、特に経済生活では次第に必要性を減じてゆくように社会的、政治的秩序が形成され得るものであるなどと想定するのは全く理由のないことであって、「経済的生存競争にはいかなる平和も存在せず、この平和の幻想を、現実と取り違える人だけが、未来はわれわれの子孫に平和と生活とを楽しむことを得させてくれるであろうと信じることができるのである(6)」。未来は、世界市場における経済競争の領域にあっても、また政治的レヴェルにおいても、強大国間の日々に激化する闘争を含んでいるものであるとヴェーバーは考えた。「人口問題の陰惨な脅威は、ただそれだけで、われわれに幸福主義的な考え方を抱かせることも、神々の膝元には、平和と幸福が存在するかもしれないと考えさせることも、あるいは、自由に行動できるため必要な余地が与えられているにしても、人間対人間の苛烈な闘争とは別の、なんらかの方法があるなどと考えることを許してくれない理由が存在するからである(7)」。

この文言は、かつて、神の課した茨の道を歩ませるために、イスラエル民族を激励しようとして、彼らの前に備えられた暗うつな使信を想い起こさせる響きを持っている。ヴェーバーはドイツ国民に対して、純粋な経済的諸問題が危機的状態におかれていようと、目を覚して堅く立つように警告した。「経済競争は、一種の国と国との戦いであり、自国文化を維持するために戦うことは、このような条件の下では容易になるどころか、かえっていよいよ困難となるであろう。というのは、国の未来に反するような物的利害関係が、自国の内部に発生してくる傾向があるからである(8)」。ヴェーバーは、人類の未来についてのこの議論を、かなり奇異に響く言葉でこう結んだ。「われわれが子孫に手渡して行かなければならないものは、平和や福祉ではなくて、むしろ、われわれの国民的特質の永遠の生存競争と、より高度の育成〔Emporzüchtung〕の原理なのである(9)」。

こうした厳しい叙述は、疑いもなく、一九世紀末の二、三〇年間に発展し、また社会的ダーウィン主義と、いくらか洗練されたドイツ国民文化の人種主義的解釈に因をもつ「新しいナショナリズム」に影響を受けたものではある。しかしヴェーバーは、やがて間もなく、このような人種主義的観念から決定的に分離したこと、さらに後には、一切のナショナリスティックな人種主義的解釈ときっぱり訣別したことを指摘しておかなければならない。とはいえ、彼は、すでに一八九〇年代の終り頃に到達していた結論、即ち、大国は自己の勢力圏を、必要とあれば、実力を行使してでも維持すべきであるとする点では生涯を通じて一貫していた。

マックス・ヴェーバーは、帝国主義と無制限な国際経済競争の時代には、ドイツ国民国家は海外拡張政策に乗り出す以外に道のないことを確信した。彼はこのことを必要なばかりでなく、ライヒ創設によって開始された国民の政治的コースの論理的帰結であったと信じた。ヴェーバーは、ドイツが、ヨーロッパの一国から世界強国へと自らを上昇させることによって、一八七一年にとった道に沿って進み続けるのでなければならないと主張した。「もし、ドイツの統一が、世界強国としてのドイツの地位を達成しようとする努力の終着点であって出発点でないとすれば、ドイツ統一は、国民が過去に犯した愚行に過ぎず、支払った犠牲の大きかったことを考え合せると、むしろ、してはならなかったことなのだということをわれわれは認識すべきである」[11]。当時の人々は、ヴェーバーのひたむきな、強大なドイツ世界政策擁護論を大いに歓迎した。彼の声明は、文字通り有力なジャーナリスト達、特にハンス・デルブリュック、フリートリッヒ・ナウマンのような人々によって取り上げられた。ヴェーバーの果敢な行動は、中産階級、特に知識人の中に、帝国主義を一般的な態度とさせる決定的な端緒であったと思われる。

一八九〇年代の末期、マックス・ヴェーバーは、強力な帝国主義政策の代表者として、いろんな機会に行動した。彼は、拡張政策の成功が、何よりも国民大衆の高度な生活水準の維持に必要な前提条件であると宣言した。この故にこそ、労働者階級は、強力な海外拡張主義政策の背後に結集すべきであるというのである。彼は「汎ドイツ協会」にすら加入し、各地の集会で、ポーランド人問題を大いに論じた。しかし、「汎ドイツ主義者」ですら、ポーランド人季節労働者に関するユンカーの利害に明確な立場をとろうとしていないことを知って、彼は協会を脱退した。一八九七年、ヴェーバーは、ドイツ艦隊建設のためにも直截に弁護した。「政治的現実の風波に揉まれたこともないナイーヴな楽観主義者だけが、形式的な平和な自由競争の過渡期の後に、ブルジョワ的路線に沿って組織されたすべての文明国に共通な経済的拡張政策の不可避的進行が、全地球の経済的支配に関心を抱く個々の国々の分け前の大きさ——このことは、それらの国々の国民、特に労働者階級の生活資料の極限と合致するであろうが——を決定するものは権力のみであるという地点に再び差しかかっている事実を誤認するであろう」[12]。ヴェーバーは、ドイツの拡張の必要性を、果敢に、また説得的に宣伝した。同時に彼は、そうした政策が、もし国民一般の支持を期待できるなら、何らかの成功の機会は必ず存在することを繰り返して述べた。このことを達成するに最も重要なことは、ドイツ政治体制の徹底的な自由化と、少なくとも、部分的な民主化であると彼は考えた。国家と社会におけるユンカーの優位性というものは、活力ある対外政策とは調和し難いものだというのがヴェーバーの考えであった。当時のドイツを運営していた官僚制も、同じように、この政策の背後に国民を結集させるほどの政治指導者を創出することは不可能だった。この点に関連してヴェーバーは、しばしば、イギリスの例に言及している。イギリスでは、自由な人民が、巨大な帝国建設に成功したこと、また、土着の人々は、実力によって強制されるよりも、自発的に、イギリス人の支配に服従したことを指摘した。ヴェーバーは、ある点では、対外政治と国内問題について、当時のドイツにおける多くの自由主義的帝国主義者たちよりも遥かにラディカルだったが、それでもやはり、「自由主義的帝国主義」の卓越した代表者であったのである。

一般的に言って、マックス・ヴェーバーは、終生この立場を忠実に守り抜いた。世界強国としてのドイツの役割が、決定的に終止符を打ったことを深い悲しみをもって認めた一九一八年においてすら、このことは変るところがなかった。しかし、二〇世紀の初めの数年間を経た後のヴェーバーは、この当初の態度を少しずつ修正してはいる。彼は、現実認識を一層深めてゆき、また、帝国主義の問題に関する青年期に試みた多くの論述のような、単に実力に訴えることのみを主張するのではなくて、より弾力的な方向をとるようになった。こうして彼は、大言壮語を事とし、権力と赤裸々な実力によってのみ物事を考えるような、文化的実質を欠いた、浅薄なナショナリズムに対し、厳しい批判者となった。彼は、少なくとも、汎ドイツ協会や、政治煽動に憂き身をやつしているその他の結社においてのみならず、ドイツの諸大学で培養されているような、彼のいわゆる「動物的ナショナリズム」の類では断じてなかったのである(13)。

このことは、ポーランド人に対するヴェーバーの態度によっても示されるところである。「ポーランド人を人間に変えた」のは、ドイツ人だったとかつては主張していたヴェーバーが、今や、次第に彼らの助力者になったのである。彼は、「政治結社法案」（これは、舞台裏で相当な駆け引きの後、一九一八年、ライヒ議会を通過した）が、政治集会におけるポーランド語使用を差別的に禁止したことを強く批判している。第一次世界大戦中、ヴェーバーは、こうして、ドイツ国民はポーランド人を助けて民族国家を建設させる文化的使命をもつことを指摘して明瞭に親ポーランド的立場に立った。さらに一九一七年、中欧諸国の保護の下にという制限付きではあるが、ポーランド人に高度の自立性を容認する憲法を与うべきことを提言した。

ドイツの戦争目的に対するヴェーバーの態度は、当時のドイツで、殆んどすべての政治的陣営が抱いていた巨大な拡張政策と比較すれば、決して極端なものではなかったのである。当時、極めて少数の人々だけが公然ととっていた立場であったが、ヴェーバーもまた、西方地域の併合には断固として反対であった。ヴェーバーの考えようとしたことは、せいぜいのところ、ドイツが西方地域の若干の小区域を戦略的意義の観点から併合すべきかどうかという程度に過ぎなかった。彼が望んだのは、ロシアに対する防塁として、ドイツの覇権の下に、自立的なスラブ系民族国家によって構成された東部中欧の緩衝地帯の設定であった。

しかし、ヴェーバーにそのような立場をとらせるように仕向けたのは拡張主義そのものの単純な廃棄ではなかったのである。彼が主張したのは、ヨーロッパ大陸における賢明な中庸性と節度のある政策がドイツ将来の「世界政策」に必要な前提条件であるということだった。ドイツの世論が挙って支持した貪欲な併合政策は、ドイツを殆んどすべての西欧諸国から永久に切り離してしまうであろうし、また予測可能な将来のための対外政策の成功を必然的に不可能にしてしまうだろう。しかも彼は、他方において、ドイツが権力国家でなければならないこと、そうしてヨーロッパ戦争の危険を敢えて冒さざるを得なかったのであるという見解をとっていた。「われわれは権力国家であらねばならないし、地球の将来に関する諸決定に発言権をもつためにはこの戦争の危険を冒すほかなかったのである」[14]。世界強国であるドイツの役割は危機に置かれており、世界におけるドイツ文化の地位も、そうして、ある程度、スイス、オランダ、スウェーデンなどのヨーロッパ諸小国のそれも同様であるから、持てる力を挙げて、可能な限りの手段をつくして戦争を戦い抜くために全てを成し遂げるのはドイツの義務でもあった。ヴェーバーは殆んどの同時代ドイツ人よりも母国の勝利の見通しについてはレアリスティックであったが、ドイツの降伏を望んでいなかったことは明らかであった。彼は衷心から講和に賛同していた。そうして、直接、政治にまき込まれないようにしていたが、一九一六年の夏、一二月一二日に提案される予定であったドイツの講和動議に備えて、予め世論を纒めておくために政府が秘かに組織していた独立の情報機関であるドイツ国民委員会議(Deutscher Nationalausschuss)を支援した。(15) 他方において彼は、一九一七年、ライヒ議会の、いわゆる「七月決議」に対し強硬に反対した。それは、この決議がドイツの戦争努力を弱化するに過ぎず、短期講和の実現には無益であると考えたからである。

一九一七年末から、ヴェーバーは事態の推移と戦争の結果に一層の関心を寄せた。特に彼が全力をもって阻止しようと苦心した無制限潜水艦戦の決定を深く憂慮した。それは北アメリカ合衆国の参戦を招き寄せ、講和の望みを一切つぶしてしまうように思われたからである。そうして、東方の弱小スラブ諸国をドイツ側に引きつける機会を失わせると同時に、東方において、合理的な講和をとり結ぶことを通して全面講和に道をつける機会までも崩してしまうブレストリトフスク条約についても異議をとなえた。ドイツ国民を「運命に挑戦する」破目に陥れたこの二つの大きな愚行のために、途方もない犠牲を支払ったものだったと彼は後に繰り返し述べている。

戦時には帝政ドイツの諸政策を激しく批判していたにもかかわらず、敗戦時では、ウイルソンの「一四箇条」に対して部分的な反応として全ドイツを蔽う平和主義の巨濤に身を投じることを拒否したことはヴェーバーの政治的性格の著しい特徴である。それどころか、彼は、「国民的威厳」をもって行動することがあらゆる誠実なドイツ人の義務であると考えた。実に、彼自身の国民主義的感情は第二のピークに達したのであって、正誤いずれにせよ、ドイツを取り囲んだ政治的、軍事的災厄の最高責任者であると世間が信じたルーデンドルフを敢て弁護さえした。

マックス・ヴェーバーは、特に国民主義的理由から、革命運動を激しく憤っていた。彼の意見によると、講和予備交渉が惨たんたる結果になったのは革命の直接的結果による。というのは、革命は国民的統一を不可能にし、そもそも開戦当初からドイツの交渉能力を絶望的に脆弱化したからである。さらに彼は、必要とあれば東部ドイツを外国の侵入者に対する民族的ゲリラ戦によって防衛するために、政府を無視してポーランド人に対しドイツを無防備に晒した革命家たちの重大な責任をさえ追求した。ヴェーバーは当時の平和主義的諸傾向と無関係だったように思われる。一九一九年早春の有名な公開講演、『職業としての政治』において、彼は当時の平和主義的風潮に対して権力政治の諸原則を擁護している。

マックス・ヴェーバーの国民主義と権力政治に関する記録を、右のような諸問題についての彼の理論的諸見解と調和させるのは容易でない。特に当時のこれらの問題に関した学問的知識のレヴェルを考慮すれば、ヴェーバーは熱烈な関心を寄せていたにかかわらず、これらの現象を異状な洞察力をもって分析することができた。

政治の本質的要素としての権力が、恰も除去され得るもののように考えるのは感傷的な愚かさに過ぎないというヴェーバーの考えは、彼の政治的、社会的論文に一貫して発見されることに注意したい。彼は、権力が政治の本質をなすと主張するだけでなく、政治制度も主として権力関係によって規定するほどであった。ヴェーバーにとって、殆んどすべての社会関係は、間接的にしても権力の一つの発現として理解されるか、解釈可能なものであった。「権力」は彼の政治社会学の究極的なカテゴリーの一つであったようである。「権力」は正当化され得るし、またなんらかの均衡体系によって抑制されることもできよう。それは、物理的な強制力に訴えることが例外であるような事物の秩序を一般的に保障する諸規範や諸規則の体系によって、殆んど識別できないようになることもあるだろう。「事物の管理によって、人間の人間に対する支配[17]」を終らせることも可能になるであろうとする自由主義的な、そうして後にはマルクス主義的な夢は、彼の目には全くのユートピア的な想念であって、その価値はまことに疑わしいものであった。国と国、また人と人との間の不断の闘争や日常生活における競争は、社会のあらゆるダイナミックスにとって、従ってまた個人の自由にとって必要不可欠な前提条件であった。とりわけトルストイのような人々の主張した純粋なキリスト教的倫理や平和主義を、ヴェーバーは無気力な信条と考え、自らを恃むところのある人格にとってふさわしからぬものであった。この点、彼はマキアヴェルリのように日常倫理と政治倫理の基本矛盾として見くびることはなかったとはいえ、やはりこのフィレンツェの思想家に似ていたのである。自らの魂の平和を犠牲に供しても、この矛盾を抱えて生きることは政治家の責任であるだけでなく義務でもあった。

ヴェーバーは、国民国家相互の競争を主たる性格とする世界とは異なった他の世界には決して注目しなかった。国民性の線と異なる別の線で組織された国家は、オーストリア＝ハンガリアの場合のように、長く生き残る見込みなきものと信じるようになった。今日の国家は国民の概念と不可避的に結合しているのであって、さもなければ適切な安定性を欠くものであると彼は指摘した。従ってヴェーバーは、少なくとも将来、国民国家が、長期に亘って政治結社と政治抗争の準自然的な単位として存続するであろうと想像した。

しかし彼は、「国民」の概念が極めて曖昧であり、人によってさまざまな意味をもち得ることを十分に認識していた。世紀の変り目以来、彼は、青年時代にいくらかナイーヴに考えていた「国民」観念の人種主義的観念から脱却して行った。人種的同一性は、国民的理念と結合した多種多様な問題解決のための適切なカテゴリーではなくて、自覚的な政治的決定と共通の文化遺産が人種要因よりも遥かに重要であることを認識した。彼はしばしば、国民性の諸問題の人種主義的解釈というものが成功しそうにないことを指摘した。余りにも多くの実例が存在する中で、最も顕著な例は、人種的にも言語的にもドイツ国民に属しているアルザス住民であるが、彼らはそれにも拘らず、自らをフランス市民と考えるごとくである。ヴェーバーはまた、少なくとも四つの異人種グループがスイスに居住しているけれども、特殊なスイス的国民理念というものが存在することにも止目した。

他方、共通な言語が、安定した政治体制に最も重要な要素であるという彼の確信は、一九一六年から次第に崩壊の徴候を現わしたオーストリア＝ハンガリアの例によって確証された。しかし彼は、言語が特定の人種集団に属する徴表であるよりも、むしろそのことは共通な文化遺産の最も顕著な要素であると考えるようになった。「国民」の国家志向的概念の準拠枠においては、「国民」を、特定の人々が共通に信じている文化的諸価値と伝統との具体化として規定しようという別の考え方が次第に生じてきた。しかし、「国民」と、その権力組織としての「国民国家」の結合関係は決して分離されることはなかった。ヴェーバーは、いかなる文化共同体といえども、少なくとも大国でない場合には、自らの政治組織を創出することなくしては存続できないであろうと確信した。しかしながら、反対に、国民国家はその存在理由——つまりそのイデオロギー的正当性——を、それぞれの国民集団が共通して受け入れており、また信じている文化的諸価値から抽き出すのである。

こうした観察に立脚して、マックス・ヴェーバーは、三つの主要な要因が「国民」を形成するものと信じるに至った。即ち、

一　共通な国民的言語

二　共通な文化遺産

三　十分な軍事力を備えており、独自の「権力威信」の担い手であるところの、即ち、必要とあれば、国民の栄誉を擁護するため、他国に対し実力を行使することが可能であると信じられるような政治組織

である。

これら三つの要因は、それぞれのウェイトにおいても重要度においても程度を異にしながら密接

に結合している。「権力」要因が決して単なる技術的要素でないことは、権力は当該国民に何らかの威信を、あるいはヴェーバーが他の箇所で述べている何らかの「パトス」を与えるからである。「われわれは、『国民』の概念が、われわれに政治権力を志向させるものであることを常に繰り返し発見するのである。従ってこの概念は——もしも、それが普遍的現象に関連するものであるとすれば——、共通の言語、宗教、慣習、政治的追憶を有している人々の強固な共同社会観念と結合した一種独得なパトスと関連しているように思われる。そうした国家は存在し得るであろうし、また望ましいところでもあるだろう[18]」。しかし他方では、国民国家の正当性は、一般に共通の文化遺産に対する高い尊崇の念から抽き出されるのであり、従ってそれは、「文化共同体」の諸価値のみでなく、その運命とも緊密に結合される。「『国民』の意義は、一般的に、一集団の独自性の育成を通してだけ維持され、発展させせられる文化的諸価値の優位性、あるいは代替不可能性に存するのである[19]」。さらに進んで、国民国家は、それ自身の文化的共同性によって支配されている領域を、対立拮抗する諸国民文化に対して防衛し、また拡張するかもしれない。国民国家が、特に教養ある階級によって、極めて価値高い努力目標として受け取られるのは、まさにこの故である。

一九一三年頃、マックス・ヴェーバーは、事態の動きが逆転するかもしれないこと、即ち強力な国民国家の創設が、成長する可能性をもった国民文化を阻害することになりかねないのに気付いた。彼は一八七一年のドイツの勝利が、ドイツの政治の政治的中心部に芸術と文学の発展を育成しなかったことを述べたが、この言葉は、帝政ドイツの基礎が、「ドイツ帝国の利益を図るために、ドイッ精神を根絶」[20]するに至ったと激しく告発したニーチェを想い起こさせるものであった。だがヴェーバーは、こうした洞察が、究極的価値としての国民という自らの信念を危うくすることになりはすまいかと検討、追求することはしなかった。

ヴェーバーにとって、ある程度の政治権力の行使は、彼がしばしば、実質的な「権力組織」を欠いた国家のあることを指摘はしたが[21]、やはり国民国家の本質的要素であったことは注目するだけの価値がある。スイスの場合には、権力的地位の廃棄が、その国民性観念の核心であると彼は考えた。この特別なケースでは、権力の要素は、数学的に言えば「マイナス」要因として存在するが、それにも拘らず実質的な要因でもあるように考えられたのであろう。ヴェーバーは、一方における「権力国家」と、他方における「外見上の小国家」とを——後者といえども、やはり歴史的に特殊な使命を果たさなければならぬことを認めながらも——区別した。しかしながら、小国家群というものは、ヴェーバーの意見では、「強大国」の事実上の保護の下に置かれるか、それとも諸強国の攻撃的エネルギーが相互に抑制されているヨーロッパ国家体系内の力の均衡を通して攻撃から相対的に安全を保障されるかの何れかによってのみ存続可能であった。弱小な国民国家が、しばしば、強大国により、領土保全の公的な保障形式を与えられた政治的安全を、相対的ながらも享受できたのはこのようにしてのみのことであった。

ヴェーバーは、ドイツの戦争努力を正当化しようとする時、常にこうした推論の線をとった。ドイツは、スイス、オランダ、ノルウェーのようなヨーロッパ諸小国とは全く異なる地位にある故に、

「将来の文化の質」に関連する諸決定に発言権をもつためには、第一次世界大戦を戦う義務がある。ドイツは自国が、「一方ではロシアの官僚たちの決定、他方では、ラテン系の合理性を混ぜ合わせたアングロ・サクソン社会の慣習」によって世界が真二つに引き裂かれるのを名誉にかけて許せなかった。[22]「権力国家」ドイツは、自国の独自な文化の存続のためだけでなく、間接的であろうとも中欧諸小国民国家それぞれの文化のためにも、自らの責任にふさわしく行動しなければならなかった。彼の見解では、そうした諸国民国家の存立は、ヨーロッパの中心に存在する強力なドイツ国民国家の存続に依存するところ大であった。

乏しい資料の許す限りであるが、ヴェーバーは、諸強国が再び世界政治のバックボーンになるものと予測される全世界と、戦後におけるヨーロッパの政治的秩序に注目した。たといそれら諸強国のすべてが、権力政治と帝国主義の時代にあって、自国の地位を確保できる立場に置かれなくても、独自の文化的義務を達成しなければならぬ諸小国の事実上の保護者として行動するように期待されたのである。戦後のヨーロッパに可能な秩序のアウトラインについて、曖昧とも言えるヴェーバーの言葉は、ドイツ帝国が、一方において再生せんとするロシアに対し、他方では、北アメリカ合衆国の躍進せんとする力に直面して、中欧と東欧を直接併合することを回避しつつ、間接的な手段を講じて支配し続けることを期待していたように思われる。

こうしたヴィジョンを完全な帝国主義的構想と見てよいものか、それとも、当時における政治的動向の合理的評価と言うべきかは、見る人の解釈によるであろう。しかし、ヨーロッパ将来の政治秩序に関するヴェーバーの政治思想は、ドイツ、そしてある程度ヨーロッパ全体においてさえ、一般に抱かれていた見解と比べるなら、遙かに穏当なものであったことは疑う余地がない。ポーランド人に対して初期にもっていた誤解を訂正した後のヴェーバーは、国民的な諸問題に非常に強い関心を寄せていたとはいえ、他国民の緊要な利害に注意を払う必要性を見失うことは決してなかった。権力国家であるからには、自国のみならず、共通の文化的祖先を有する他の弱小国民国家に対しても義務を負うのは当然であるとする彼の主張は、今日においては、仮面を着けた「インフォーマル」な帝国主義と言われそうなものを必ずしも清算しきっているわけではないにしても、やはり同じ観点を示すものである。

こうした態度の変化は、帝国主義に関するヴェーバーの理論的考察の発展に反映している。戦争直前までは、現代帝国主義の本質に関する理論的叙述はヴェーバーの作品中には発見されない。(23)僅かに社会＝政治的現象としての帝国主義につき、彼の考え方を再構成できそうな表現だけが政治的諸論文中に散見されるに過ぎない。一八九〇年代後期の激烈な帝国主義的叙述の中で、ヴェーバーは特に帝国主義的拡張――それも結局のところ、国益そのものについて述べたのであるが――の経済的利益を強調した。一九〇八年と、それより少し後までのヴェーバーは、J・S・ミルやD・リカアドウのような、一九世紀中葉のブルジョワ経済学者たちに由来しているとはいえ、若干の点でマルクスに類似する立場をとっていた。ヴェーバーは、ミルが二世紀も前に論じ、ローザ・ルクセンブルクが二、三年後に主張するようになった資本主義のダイナミックスは、少なくともある程度、地上に存在している処女地の開放に依存しており、資本主義的産業主義はそれによって不断に新鮮な開発の機会に恵まれることになるだろうと考えた。彼は経済成長過程が次第に、または長期的に減速して行くに相違ないと予測していたと思われる。こうして、すべての他国を犠牲にして、高関税障壁を構築することにより、外国からの競争をすべて勢力圏から駆逐し、経済活動の独占領域を自力で確保せんとする主要産業国家の傾向が勢いを強めてゆくだろう。ヴェーバーが、ドイツの拡大主義政策を強力に弁護したのは、おそらく何よりもこの故であったろう。ドイツは、海外領土の獲得、即ち経済活動の排他的領域確保のために、最大可能な努力を傾注すべきことを主張したが、そのことは世界がまだそれぞれの経済的支配地域に分割され尽していない時期において可能であった。現在の国際競争時代が終りを告げるなら、経済制度のダイナミックスも、国民大衆の福祉も、そうして最後には、個人の自由の度合いも、すべて同様に自国の植民地的従属地の規模いかんによって殆んど決定されることになるであろう。ヴェーバーのような自由主義的個人主義者たちが、帝国主義の熱烈で果敢な擁護者になったのも、まさにこの理由から無理からぬところであったであろう。

一九一一年頃には、マックス・ヴェーバーは、平和な国際貿易や自由な交換経済よりも、帝国主義が少なくとも予測可能な将来の動向であろうと信じてはいたけれども、資本主義の将来については、もはや明らかに悲観主義ではなかった。(24) 従って、是が非でもといった帝国主義的拡大の圧倒的な経済的必然性はもはや存在しなかった。こうしてヴェーバーは、後年のシュムペーターの有名な論文、『帝国主義の社会学』の先駆をなした歴史上の帝国主義的諸事象の比較分析によって、拡大主義政策を促進する諸要因を学問的に評定することができたのである。ヴェーバーは帝国主義のフォーマルな理論を展開しなかったけれども、それに重要な意義を有する諸要因を蒐集した。そうして帝国主義政策を促す経済的諸要素を論じた。帝国主義的領土併合過程において、開放された経済的機会の独占的開発に関心を有する掠奪的資本主義は、帝国主義に及ぼす最も重要であり、同時に最も共通したタイプの経済的影響力であることを指摘した。さらに進んで、彼は、独占体の開発は、他国の貿易業者との平和な交換取引を期待する一般の産業企業の努力よりも常に利益が大であるとまで述べている。しかしヴェーバーは、武器や軍需資材製造業者の利益関心に特別な重要性を与え、彼らは結果のいかんにかかわらず、拡大政策に直接的な関心を抱いていると見ている。

とはいえヴェーバーは、資本主義を廃棄することによって帝国主義を完全に終結させ得るだろうとは考えなかった。反対に、社会主義制度は、資本主義と同様に、従属地域を収奪する傾向があると主張した。ヴェーバーは、事実として、独占的開発の機会が増大すればするほど、経済体制の公的セクターは私的セクターを犠牲にして、より一層拡大するとまで論じた。なぜなら、国家だけが独占体を創出でき、しかも国家が経済を規制すればするほど、ますます統制の手を強めるからである。換言すれば、国有化は、帝国主義的冒険に経済的刺戟物を与え、帝国主義強化の道を辿らせるのである。従って、掠奪的資本主義に対する競争的資本主義は、秘かに帝国主義を育成するものであるという非難から免れることになる。これは後にシュムペーターやW・W・ロストウのとった推論の線にほかならないのである。

実に、ヴェーバーは経済的要因だけが帝国主義政策を説明するに十分であるとは信じなかった。彼はある程度、この種の「権力威信」が大国に一貫した拡大政策を追求させる重要な要因であるとする伝統的観念を支持した。この考えは、大国間の熾烈な抗争の一種として帝国主義を理解する見解と一致するように見えるであろうが、そういう見方は、本質的に、大国が西欧国家体系における帝国主義的世界政策の主要な推進者の役割を果たすものと考えるランケの歴史観の移植である。だがヴェーバーはその点に停止しなかった。現代の諸条件の下では、国民の観念を構成する情緒的な感情の複雑さと緊密に結合したこの種の「権力威信」は、多様な社会学的要因によって制約されるものであることを立証した。自己を国民の観念と一体化して、それを一般大衆に宣伝するのはとりわけ知識人である。このようにすることにおいて知識人は明らかに理想主義的な信念に動かされるだけでなく、莫大な物的利益によってもより一層動かされる。というのは、国民文化が拡大すれば拡大するほど必然的に彼らに有利な雇傭の機会も実質的に増大するし、また――測り難いほど重要なことだが――国民文化の威信が帝国主義政策の成功によって高揚すれば、彼ら自身の社会的地位もまた実質的に向上するであろうから。

広義の支配階級、特に支配するエリートは常に帝国主義的活動の成功から実質的に利益を手に入れるのである。マックス・ヴェーバーは、支配するエリートが、自らの特権的利益を現存の社会体制の中で防衛し、また労働者階級の急速な権力上昇に機先を制するために意図された支配するエリートの操作戦略としての「社会的帝国主義」という今日の考え方に極めて接近するのである。帝国主義的冒険の成功は、概して、政治的威信と、従って社会体系における支配階級の地位向上に連なるものであることを指摘する。「一般に――またはとかく初期においては――他国に対する強圧的政策の成功はすべて、自国の威信を強め、また、そのことによって指導性を確立した階級、身分集団、党派の権力と影響力を強化するものである」[25]。ヴェーバーによれば、労働者階級が帝国主義に反対するのは――彼らの経済的地位が、あまり成功しなかった他の国々の労働者階級の生活状態と比較すると、帝国主義的拡大政策のおかげで改善されるのが普通であるにも拘らず――まさにこの故である。

一九一三年、マックス・ヴェーバーは、「帝国主義的資本主義の普遍的な復活――それは資本家の利益が常にその中で政治に影響を及ぼしてきたノーマルな形態であったが――と、「領土拡大の政治的衝動の復活」[26]」が再び進展し始めたと考えた。この事実を説明するために彼は、それ以後帝国主義の非マルクス主義的諸理論のいわば在庫品となっていたあらゆる要因の棚卸しを試みたことは注目に値するところである。彼は資本主義制度そのものを非難するのではなくて、資本主義経済における特定のセクターの帝国主義的利害関係を強調した。彼はヨーロッパ諸国の競争が海外における排他的経済勢力圏をめぐる対立抗争をかなり強めたことに注目した。しかしより重要なことは、支配階級の威信と野望が、帝国主義的冒険の成功によって一般的に昂進するか、それとも一応は安定するというのであれば、この事実こそ帝国主義への衝動の背後にある極めて強い力なのだという彼の観察であった。特に付言しておきたいのは、ヴェーバーは帝国主義の促進についての知識人の特殊な役割を強調したことである。というのは彼らは、自らの国民文化の影響範域を拡大することに直接的な関心を抱くからである。ヴェーバーが帝国主義理論の最も重要な諸要素を一貫した理論に集約しなかったことは遺憾ではあるが、当時から今日に至るまで継続している近代帝国主義の本質に関する幾多の議論は彼の洞察に負うところまことに大きいのである。

ヴェーバーは、帝国主義の背後に発見される諸動機を合理的に分析することによって、かえって彼自身の帝国主義的情熱に多くの障壁を設けたといってよかろう。だが彼はその情熱を放棄しなかった。「予測可能な将来に亘って」、すべては帝国主義的諸傾向のより一層の成長を目指して進んで行くだろうと確信し、それ以外に選択すべき現実的な道は存在すまいと考えた。彼の見解では、もしもドイツが海外領土と経済的な機会の争奪戦に敗れることがあれば、ドイツ経済は必然的に破綻を招くに相違ないであろうから、脇道に逸れる暇がなかったのである。おそらくヴェーバーは、経済的帝国主義一本で進むよりも、平和な国際貿易を志向することに道義的根拠を与えようとする傾向を殆んどもっていなかったのであろう。彼は事実として熱心な自由貿易主義者といえる人ではなかった。反対に、植民地や海外従属地との市場志向的な貿易は、原理的に直接的な帝国主義的支配による開発となんら異なるものではないとまで断言した。産業社会は一般に、その利益の大部分を、通常の市場志向的な資本主義的経営の諸規則と完全に合致する支払いと利子負担の形で帝国主義から抽き出してくるものであると彼は指摘した。

ヴェーバー個人として、この種の経済的考察は一九一三年以後になると限られた重要性をもつに過ぎなかった。今や彼は、帝国主義なしに独自なドイツ国民文化は、二、三の超大国に支配されている世界にあって生存の機会を見出すことが不可能であろうという理由に立って、ますます帝国主義を支持した。彼自身の立場は、彼の理論の中に分類されているような知識人の文化的帝国主義と合致していた。帝国主義的闘争は、彼の意見によると、時代の秩序であった。それは予測可能な将来において抑止不可能であって、自らの国民国家の利益を支持しないということはあり得べからざるところであるだけでなく、不名誉ですらあった。それどころか、マックス・ヴェーバーは、政治的抗争と経済競争が、超大国間の専制的支配によって保障されなければならない普遍的平和というような眉唾物の体制に欺かれた秩序整然たる世界の観念を激しく嫌悪した。地中海文明の運命は、この点で悲惨な実例だった。ローマ帝国の崩壊についての諸論文において、彼は西地中海文化の全域に厳格なローマの平和（pax romana）を強制することによって、ローマ帝国が自らの硬直化を招き寄せる道を進んだことを発見した。ヴェーバーは、こうした事態が再び起きるかもしれないという考え方を好まなかったのである。

第三章　ヴェーバーとマルクス
――ダイナミックな資本主義と官僚制的社会主義

マックス・ヴェーバーは――政治思想の歴史では――カール・マルクスの偉大なブルジョワ的対立者であり、ブルジョワ・マルクスとよばれたのも至当である。(1) だが、この二人の間には実質的な相違があるので、このように語るにはいくらかの限定条件が必要である。カール・マルクスと異って、マックス・ヴェーバーは明瞭なイデオロギー的志向性をもって政治運動に打って出ることをしなかったのと、自在な説得力にかけてはマルクスのそれに決して劣らず偉大であったとはいえ、敢てそうした行動をとろうとしなかった。彼は常に、政治と学問の境界線に生きたに拘らず、激しい感情的緊張に耐えながら自らの知的活動を専ら学問的生活に捧げた。しかし、一九世紀中葉のドイツに、多少とも進歩的な政治的諸条件が存在していたとすれば、カール・マルクスも偉大なイデオローグ――これこそマルクスを世界史的人物にした役割だったのだが――としてよりは、むしろ卓越した大学教授になったかもしれないと言えるであろう。(2) 更にまた、マックス・ヴェーバーは自らの学派を形成することに成功しなかったと言ってよかろう。彼の学問的な仕事によって深い影響を受けたと思われる人々――ヨーゼフ・シュムペーター、ロベルト・ミヘルス、ジェルジ・ルカーチ、カール・ヤスパース、カール・レーヴェンシュタイン、パウル・ホーニヒスハイム、もっと間接的ながら、タルコット・パーソンズ、ハンス・フライヤー、カール・シュミットすらも(3)――は、マックス・ヴェーバーと殆んど共通していない知的立場をとるようになった。即ち、彼らの大部分は、特にここでわれわれが主たる関心事とする資本主義と社会主義の諸問題について異なる陣営に移って行った。

それにも拘らず、西欧の新資本主義に及ぼしたマックス・ヴェーバーの知的影響力は決して少なくはなかったのである。フリートリッヒ・ハイエック、ハンナ・アレント、カール・J・フリートリッヒのように、一九五〇年代の西欧政治思想に強力な影響を与えた人々は、共産主義との論争で彼らの知的武器の多くのものをマックス・ヴェーバーの議論から学びとった。このことは、西ドイツの経済復興を予想だに及ばなかったスピードで達成したルートヴィッヒ・エアハルトの社会的市場経済（Soziale Marktwirtschaft）の知的創始者であり理論家でもあるディートリッヒ・ミューラー＝アルマックの場合、一層よく該当するところである。第二次世界大戦後、マックス・ヴェーバーへの関心の著しい復興――ドイツのみでなく、特に北アメリカ合衆国では、彼こそ経験的社会科学のチャンピオンと考えられた――は、少なくとも部分的には、彼の諸理論が、西欧資本主義社会の社会的、経済的諸条件と適合していたからに相違ない。

マックス・ヴェーバーとカール・マルクス、おそらくより正確に言えば、カール・マルクスに対するマックス・ヴェーバーの態度分析は一つの重大な困難に当面する。というのは、ヴェーバーはマルクス理論を包括的に論じてはいるが、決して体系的に論じなかったからである。従ってわれわれは、ヴェーバーの政治論文や学術論文のすべてに亘って散在している個別的な文言や議論に専ら依拠するほかないのである。一九一八年六月、ウィーンのオーストリア将校団集会においてヴェーバーの試みた講演がマルクス主義と社会主義の諸問題を論じた唯一のテクストである。だがそれとても、そこに含まれた諸問題の体系的論述とは思われず、また、戦術的考慮だけでなく、特別な政治的考慮のために選ばれた議論でもないという意味でも学問的なものではないのである。(4)

ヴェーバーの諸論文に発見されるマルクス主義に関連した多様な、時には不用意で、偶発的、奇異にさえ感じられる表現はあまり頼りにならない。そのような言葉を周到に集めてみる試みはあまり満足な成果をあげていないようである。(5) しかし初期のヴェーバーは、マルクス、エンゲルスを広く読んだようには思われず、少なくとも一九〇六年までの彼は、マルクス主義をマルクス、エンゲルス自身の原典によりは、当時の通俗的見解に依存していたと結論してよかろうと思うのである。

たとえば、シュタムラーの唯物史観に対するヴェーバーの反論は、本来マルクス主義そのものに関する論議と殆んど無関係であった。一八九八年以前に行なわれたフライブルク大学における講義の一つに、彼はマルクスを「人間侮辱」の点で最たる人物の一人と述べているが、この言葉は、少なくともヴェーバーがマルクスのいくつかの論文に目を通していたことを示すものであろう。しかし他方、彼がマルクスを体系的に論じたのは、彼の知的発展の比較的後期においてのことであったという結論を、利用できるすべての資料が支持しているようである。マルクスの『資本論』は『経済と社会』にのみ引用されているのに、初期の諸論文でマルクスに言及している箇所は、当時のヴェーバーのマルクス知識が一般に第二次的資料、特にヴェルナー・ゾムバルトの『近代資本主義』(Der Moderne Kapitalismus) とハインリッヒ・ヘルクナーの『労働問題』(Arbeiterfrage) から抽き出されたと推測される大雑把なスタイルで書かれている。

しかしマックス・ヴェーバーは、方法論的諸論文では、マルクスに対し極めて強い反論を加えている。既に別の文脈で指摘したように、彼は歴史に関する一切の「唯物論」的哲学、あるいは一連の客観的法則の存在を確証したとか、歴史の本質的意義を発見したとか主張するような歴史的過程の構想物にはすべて原理的に反対した[6]。ニーチェ的色彩を濃厚に帯びた彼の新カント派的見解から、いわゆる「史的唯物論」を含めた歴史過程の客観的図式はすべて彼には全く受け容れ難いものであった。「経済的再生産」の異なった諸形式によって限定され、階級闘争によって推進された特殊な社会的構成体の継続のうちに社会的変動過程の本質を見るマルクス主義歴史理論は、彼の考えでは全く科学的根拠を欠くものであった。ヴェーバーによれば、社会的現実に「法則」なるものは存在しなかった。せいぜいのところ、社会過程の法則に類似した概括化が、理念型によって構成され得るに過ぎず、それは、何らかの特定の社会的現実の部分がこうした法則論的《ノモロジカル》な諸概念から、どの程度逸脱しているかを測定する基準として使用されることのできるものであった。このことは理論経済学の諸法則に関してだけでなく、前資本主義的社会諸構造が、それによってブルジョワ資本主義的諸構造に転じ、遂には社会主義的諸制度に転化する世界史の弁証法的過程についてのマルクスの見解にも同様に妥当するというのがヴェーバーの意見であった。しかし、このように解することは、実は、ヴェーバーの考えたほど厳密なものでなかったマルクスの認識論的立場に関する重大な誤解を含んでいたと指摘する人もあるかもしれない。

この態度は、歴史的宇宙そのものは無意味なものであって、少なくとも誰か特定の観察者たちの可能な見地からすれば、大なり小なり混沌とした無定形なものであろうとみるヴェーバーの基本的な想定の論理的な帰結であった。既に見たように、究極的な文化価値の観点から構成された若干の概念とカテゴリーを限定された現実の部分に適用した上で始めてこのことがわれわれに理解可能となるのである。こうして、ヴェーバーは、近代産業社会の発展についての重要な理解を獲得するに役立つと思われる極めて有効な仮説として、生産諸様式によるマルクスの歴史解釈を進んで容認しようとした。しかし彼はこの解釈を歴史全体の理解として受けとろうとはしなかった。換言すれば、ヴェーバーはマルクスの理論を理念型的構成の特殊な形式として重視したが、本体論的前提として、ならば絶対に意に沿わぬものであった。「われわれは、一切の文化現象が物質的利益の所産、または集積として演繹され得るとする古い観念から解放されているが、しかし、さまざまな経済的条件や分肢との特殊な関連において社会的、文化的現象を分析することは創造的な成果を挙げ得る科学的手順であって、また慎重に適用し、独断から自由であるなら、将来に亘って有効であろう。世界観としての、あるいは歴史的現実の因果解釈の公式としての唯物史観は拒否されなければならない(7)」。

ユルゲン・コッカが指摘するように、この点でヴェーバーはマルクスをやや不当に、また粗雑に解釈した(8)。しかし実は、厳密で、抽象的な歴史法則を形成しようとしなかった限りでは、マルクスとヴェーバーの立場はそれほど距離はなかったのである。封建制から資本主義へ、そうして社会主義に至る必然不可避な過程に関するマルクスの理論は、人間の現実的行動指針——時にはブルジョワジーの、そうして時にはプロレタリアートの——を提供すべく意図されたのであり、それが厳格な機械論に堕したのはエンゲルスと、そうして結局はカウツキーその他によるマルクス主義理論後年の解釈によってであるに過ぎない。

以上が承認されるなら、マルクスは、何か特別な見地から構想された図式ではなくて、本質的に包括的な社会的現実の理論の可能性について極めて楽観的であったと言えるであろう。全体論的歴史理論の可能性に寄せるマルクスの信頼はヘーゲルの強い影響によるだけでなく、「意識」は常に、そして専ら——完全にというのではなくても——客観的な経済的諸条件によって制約されるとする彼の確信とも緊密に結合していた。しかしヴェーバーは、こうした想定の有効性には極度に懐疑的だった。そうしたアプローチの価値を、仮説としてなら容認しようとしたが、事実としての歴史過程の単一原因論的解釈には深い不信感を抱いていた。マルクスに比し、ヴェーバーの「階級意識」や「身分意識」の制約的素因に関する考え方は、本質的に多元論的であった。彼は常に経済的、非経済的要因が究極的に決定的になるものかどうかについての一義的な選択を拒否したのである。概してヴェーバーは社会的現実と全体論的歴史解釈の万能性を承認することを極度に嫌悪した。

とは言うものの彼はその生涯を通じて、コッカが信じているらしい社会過程の包括的理解を達成しようとする一切の企図を断念したものと断定するのは誤りであろう。彼が特定の観点から有意義と思われる現実の無意味な無限性から、因果関係の特殊な継起を推論することに努力を限定したのは初期の諸論文においてだけのことだった。そのケースは特に『プロテスタントの倫理と資本主義の精神』である。しかし、ヴェーバーの立場から言えば、マルクスもやはり、生産様式の主導原理を中核にして歴史の包括図式を構成することによって同じことを試みたことになるだろうが、ただ異っているのは、マルクスにあっては、自らの観察したものが絶対に正しいと主張した点にある。然るにヴェーバーは、純粋な科学的根拠に立ち、歴史に働らく阻止的要素のみならず、支配的な諸傾向をも考察し、叙述しながら、同時にそこに含まれている社会的文化的、意義を注視する理念型的体系化を発展させる以上のことを企てるのは不可能であると考えた。しかも彼は、既知の歴史的な諸文明の発展に関して、利用できる一切の知識を総動員して考察を加えながら、完全に普遍的な規模でこの仕事を完遂しようとした。こうした方法は彼にとって、社会科学が正面から対立する究極的な人間的諸価値や諸信念の意味と、特殊な社会的諸構造の性質なり性格なりの普遍的な判断に到達できる唯一の道であるように思われた。この限度を越える試みや、科学の名によって何らかの「客観的」真理を主張することは必然的に失敗するばかりでなく、量り知れない禍害を招き寄せる危険がある。なぜなら、この点においてこそ、個人の創意と自由とが脅かされるから。そのような教理は、未来に向かうコースは一つしか存在せず、それに適合する賢明な態度も唯一つであるという観念を他者に強要するものであり、異なった究極的諸価値のセットを自ら選びとる自律的個人の責任に有害な作用を及ぼすことになりかねないのである。ヴェーバーにとって、そもそも科学的理論というものは、価値判断の領域に差しかかった地点で停止しなければならないのであった。

ヴェーバーの理論的諸論文に述べられているように、個々人は常に、社会科学の概念枠内で、支配的な社会的諸傾向を選択し、あるいはそれに反対することは可能である。しかしマルクスの考えたように、人間は自らの行動が、「史的唯物論」の客観的諸法則に制約された単なる操り人形に堕し易いようである。従って人々の革命的行動が、最適の瞬間にとられるならば、新たな社会的構成体の出現を促進することは考えられるところであった。

ここから出てくるのは、まずマルクス理論の決定論的解釈に反対するヴェーバーの自由主義的な個人主義的理解であった。しかしそれは、マックス・ヴェーバーが、「史的唯物論」のすべての側面に異議を唱えたことを意味するものではない。彼が考えたのは、史的唯物論は本来の限度を守らなければならず、完全無欠な真理、真理以外の何者でもないと主張することをしない一つの特殊なアプローチなのである。マルクス主義の理論は、あらゆる社会科学のうち、最も注目すべき価値を有する卓越した、極めて重要な仮説であるか、それとも、何か科学的根拠に基づいているかのように自らを僭称することなしに、ただ人々を革命的行動に駆り立てる意図だけで構想された政治的イデオロギーであるのかの何れかとして容認されるものであった。マックス・ヴェーバーが社会主義を真剣に考える価値ある理説として評価しようとしたのは、この後の意味においてであった。彼がドイツ社会民主主義者に対して極度な軽蔑をあらわしたのは、彼らが、客観的歴史過程が必然的に彼らに勝利をもたらすに相違ないと主張したからであった。彼はこのような態度を嘲笑しただけでなかった。そうした態度は真摯な政治運動に値しないと考えた。社会主義はその他の政治的信念と同様に擬似科学的扮装を纏って自己を顕示する限り、完全に唾棄されて然るべきものであった。しかし、社会主義が道徳的理由に立脚した個人的信念——たとい結果的に成功をおさめる客観的なチャンスがなくても——に属する事柄と信じる人々——即ち、心情倫理的（Gesinnungsethische）立場——をヴェーバーは非常に尊敬した。彼はそのような人々の信念には同意しなかったが、第一次世界大戦末期に、ハイデルベルクに在ったロシアの革命的社会主義者たちと親交があった。[10]

マックス・ヴェーバーは、いわゆるマルクス主義の上部構造（Überbau）の議論に大いに関心があったが、同時にそれに対して強い異議をもっていた。一切の社会現象が、経済的原因によってのみ十分に解明されるという議論を承認できなかったのである。「目的論的歴史解釈の理論、即ち、経済的諸要因は、それをどのように説明しようとも因果関係における究極的原因であるという議論は、私の考えでは科学的根拠のないものである」。[11] しかし同時にヴェーバーは、特定の社会的枠組において関連し合う社会的事象のすべてに対して、単に「唯物論的」というレッテルを貼り付けるだけで、マルクスの唯物論的歴史観を反駁しようとするシュタムラーの粗雑な試みに反対した。[12]

一切を単一原因論的に経済的なるものに帰属させようとするあらゆる解釈にヴェーバーが反論したことは、必ずしも彼が理想主義者であったことを意味しない。『プロテスタントの倫理と資本主義の精神』は、一般に、歴史における理想主義的、特に宗教的な力の独自性を弁証しようとしたもののように受けとられている。だがそれは、確かに一九一八年、ミュンヘン大学において、多少誤解をよび起こしたかに思われる『唯物史観に対する積極的批判』[13]の演題で、ヴェーバーが余り気乗りしなかったらしい一連の講演を行なったけれども、直接的にマルクス主義に反論を加える意図のものではなかった。事実としてヴェーバーは、資本主義の諸起源についての自説が、何故、また如何にして資本主義を出現させたかという問題に決定的な解答を与えたとは主張しなかった。彼は繰り返し、自分は諸要因のうちの一つのセットを明らかにしたに過ぎないのであって、資本主義の出現につき必然的な諸前提を確定するには、なお考察すべき幾多の要因が存在すると述べている。ヴェーバーが、成熟した資本主義は、ピューリタン的禁欲主義の源泉である特殊な心性を欠いていたとしても存続は可能であると述べた時、彼はマルクスの立場に極めて接近していた。殆んどマルクス主義を想わせる仕方で、彼は資本主義を、人が好むと否とに拘らず、客観的な社会的諸条件に対して擬似自発的に服従を強制される不可抗的な社会的な力であると述べている。近代産業資本主義制度はそれとは異った在り方を許さなかったため、その後の人々は職業人となる以外に道はなかったのである。この点でマックス・ヴェーバーは、資本主義を実質的に社会的秩序の非人間的形態としたマルクスの論点に著しく接近していたことは確かである。しかし同時に、ヴェーバーはマルクスと最後まで歩を共にすることを拒否した。彼は、近代資本主義によって創出された社会的諸条件の下においてすら、事態のコースを決定するのは「物的利害心のダイナミックス」だけではなく、

「理念的利害関心」のダイナミックスであることを主張した。「物的利害関心」も、「理念的利害関心」も、ともに歴史過程の分析には考慮されなければならないことである。(14) マックス・ヴェーバーは、まず『プロテスタントの倫理』において、次いで、世界宗教の研究において、「理念的利害関心」もやはり社会的変化をもたらすことが可能であること、そうして特殊な条件の下では、たとい経済的動機と無関係であっても、あるいは無関係であるが故に、革命的な力たり得るであろうことを立証しようと苦心した。

ヴェーバーがマルクスから最も離れていたのはこの地点においてである。マルクスと違ってヴェーバーは、どのような究極的価値であろうと、それを志向し、それによって導かれる個人——しかもその究極的価値が日常的現実と矛盾していればいるだけ、ますます闘志を掻き立てられる——は、その価値に従って所与の社会的文脈を再構成する方法と手段を発見できるなら、歴史における究極的且つ不可抗的な一つの力となり得るであろうと信じて疑わなかった。そうした個人のとる行為の現実的な結果は、当然に彼がその中で自己を発見する特殊な社会的シチュエーションに大きく制約はされようが、その最初のステップを、経済的な、またはそれ以外の一次的諸動機の故に帰することはできぬ筈である。

しかし、この点においてさえ、マックス・ヴェーバーとカール・マルクス、少なくとも一八四四年の『哲学草稿』の著者との間には基本的な類似がある。カール・レーヴィットはこの問題について書かれたものの中で最も優れた論文の一つで、この二人の思想家は共に同一の基本問題、即ち勃興期における産業制度の諸条件の下で、一箇の人格としての人間の可能な将来について関心を抱いていたことを立証した。[15] マルクスは、資本主義的生産制度における労働者が完全な「疎外」状況に強制されること、あるいは、より根本的に人間としての自然的生得権を剝奪されることを指摘した。それのみならず剰余価値を追求する資本主義制度は、労働者から労働の価値を収奪し、彼らを相対的な社会的剝奪状態に未来永劫呪縛する。マルクスによれば、資本主義体制が非人間的世界を創出しなければならなかったのは、経済的諸力がブルジョワジーに対して、労働者を寛大に取り扱ったり、高賃銀を支払ったりするのを許さなかったからである。他方においで同時にマルクスは、資本主義体制が終局的には自己を破滅に導く勢力を生み出しつつあり、「疎外」状況に終止符をうつ新たな社会秩序を創出しようとしていると想定するほどに楽観的でもあった。

マックス・ヴェーバーはマルクスと同様に近代産業資本主義の非人間的諸結果に注目した。しかし彼は、それを一義的に労働者階級の社会的状況と生産手段の剝奪という客観的に（あるいは主観的に過ぎないのかもしれないが）抑圧された社会的状況によって考えようとはしなかった。むしろ彼は資本主義が創出した社会的諸制度の非人間的諸傾向を注視した。資本主義は人間社会生活のすべての領域における形式合理性に大なり小なり依存した。さらにそれは、最大限の生産性と効率を実現する諸条件を生み出す不可抗的な諸力によって推進されたのである。まさにこの理由によって資本主義は個人志向的な社会的行為の一切の形態をますます背景に押しやった。即ち資本主義が成長を遂げ、あらゆるレヴェルの社会的相互関係で巨大化してゆく形式合理的な諸組織と不可避的に結合した。この過程は、どのような種類の価値志向的な社会的行為も、もはや個人に対していささかの機会をも残さない万能の官僚制的諸構造と、形式合理的な法律、規則の細かい網の目によって窒息させられる「新たな奴隷制の鉄の檻」を最終的に出現させることになりかねないことをヴェーバーは見通していたのである。

ヴェーバーは、同じ主題についてのマルクスの予言的な叙述を想起させる言葉で、資本主義の成長はもはや抑止されないであろうことを論じた。しかし彼は、資本主義と結合する人間的事態の秩序に及ぼす種々の危険を熟知しつつも、そうした万能性を考えることすらしなかった。この基礎的なヂレンマから容易に脱出できる道というものは明らかになかったのである。資本主義体制のより高度な発展のコースにおいては、マルクスが想像したような大動乱が生起するものかどうかは別としても、順調な道をとって進展するだろうと想定するに足りる理由は殆んどなかったことは明白であった。ヴェーバーはそうした状態が社会主義革命によって改善される根拠を発見できなかった。彼の考えるところによれば、資本主義と官僚的な社会的諸構造に対し、単なる感情的な反対態度に没入することは無益な所業であった。われわれはむしろ、資本主義と近代合理主義的科学の所産である「呪術から解放された世界」の諸条件をもって満足すべきであった。合理化の諸原則を承認し、それらの諸原則を自らの行為に適用することによって、われわれは自身を「疎外」状況から解放し──レーヴィットの述べたところはこの点でヴェーバーの立場を幾分誇張している感はあるが(16)──再び自由な人格であることを主張できるのである。

こうしてヴェーバーは、産業社会にあって人間人格の問題を解決する方法に関するマルクスの提言は不十分であり、また不適当なものと考えた。というのは、真の危険はむしろ万能の官僚制の拡大発展にあり、単に私的所有や資本家的利益のための労働者階級の相対的あるいは絶対的搾取にあるのではないからであった。生産手段の国有化が個人の地位を実質的に変質させてしまうことなど決してあり得ないだろうと彼は指摘した。社会化は労働者階級を「疎外」状況から解放させそうになかった。むしろそれは事態をより一層悪化させそうであった。「合理的な線に沿って組織される社会主義経済は……全労働者の収奪を保持し、社会主義経済を私的所有者の収奪によって完成させるに過ぎぬことになるだろう[17]」。この言葉は経済のより以上の官僚制化と、間接的には社会体制そのものの官僚制化へ向かわせる新たなステップを意味するに過ぎないだろう。社会主義は労働者をより自由にするよりも、現実的に「生産手段」をコントロールする人々に従属、依存させ、さらには官僚制化の過程をますます加速させることになるだろう。

一九一七年、多くのドイツ人は、国家の戦時経済統制が社会主義体制へと次第に移行するかどうかについて論じ合っていた。ヴェーバーは、このことは人々の考えているほど実現の容易な問題ではなく、たといいかなる方法によって生産手段の国有化がもたらされるとしても、官僚制の一層の昂進を意味するであろうと論じた。彼は次のように強調する。「私的資本主義を漸次清算してゆくことは、それについて何も知っていない文士たちが夢想しているような他愛のないものではないにしても、理論的には確かにあり得ることである。しかしそれはこの戦争によって達成されることはないであろう。しかし仮りに達成されるものと想定してみよう。すると現実にそれはどういうことになるだろうか。現代産業労働の鉄の檻が破壊されるとでもいうのであろうか。そんなことはあるまい。むしろその時には、国有化され、あるいはおそらくコンミューン化されたすべての企業管理がまた官僚制的になることであろう[18]」。これは官僚制化をさらに促進することにならざるを得ない。「それ〔つまり官僚制〕は、死んだ機械を結合して、おそらく古代エジプト国家の土民のように、人々はやがて無力に屈従……を強いられるあの隷従の鉄の檻をつくり出す機能を現わすことであろう[19]」。

ヴェーバーの立場はこうして次のように要約されると思われる。産業経済の諸条件の下では生産手段の私的所有の廃止――社会主義革命やプロレタリア独裁によるにしても、あるいは修正資本主義のモデルによる漸進的国有化過程によるにしても――は、当時の切迫した問題であった「官僚制化の圧倒的な傾向[20]」に対して「あらゆる個人主義的行為の自由をたとい一片でも救い出す」にはいかにすべきかの問題に直面している状況を実質的に変改するものではなかった。ヴェーバーの判断によると、「着々と進行しつつあるのはプロレタリアートの独裁ではなくて、むしろ官僚独裁[21]」であった。彼は、「プロレタリアートの独裁」が、圧制の廃棄される社会を実現する適切な方途であるとするマルクス主義者の熱烈な確信に同意しなかった。そうした想定は彼にとって信じられないナイーヴな見解のように考えられたのである[22]。

しかしこのことからマックス・ヴェーバーがマルクス主義理論をトータルに否認したと断定する

のは誤りであろう。ヴェーバーの政治的諸論文と社会学的諸論文の体系的分析によって確証されているように、こうした断定は全く当っていないのである。事実として彼はマルクスの産業社会分析において重要と考えられる一切のものを自身の社会学的体系に統合しようと努力した。一例として、彼は原則的に「階級」と「階級闘争」の概念を認め、特定人間集団の経済的地位がその集団に属する成員の「生活のチャンス」を殆んど決定することを承認する点では再びマルクスに極めて接近した。「財産の移転が、商品交換のため市場で対立的に集っている多数の人々の間で分配される方式自体が特殊な生活のチャンスをつくり出すということは極めて基本的な経済的事実である」。[23] しかしこれはヴェーバーが、「階級」に関するマルクスの特に強い経済的決定論までも承認したことを意味しない。後の『経済と社会』の中でヴェーバーは、彼が数年前に容認できると考えていた以上により詳細な階級構造の図式を発展させた。[24] 彼は三つのタイプの階級を区別した。「財産階級」(Besitzklassen)、「営利階級」(Erwerbsklassen)、「社会階級」である。この最後のカテゴリーは極めて狭く限定されている。一見すれば、ペダンティックに見えるこの分類はヴェーバーの推論の線にしばしば見られるところである。彼が「財産階級」と「営利階級」を区別したのは、社会秩序の維持にのみ関心を有する階級利益と、直接資本家的生産過程に参与して進歩と変化を追求する階級利益を区別することが極めて重要であると考えたからである。「財産階級」も「営利階級」も、それぞれ一層細分された。彼はまた「積極的特権階級」と「消極的特権階級」とを区別した。前者はあらゆる種類の利子生活者であって、その収入を主として地代その他の不動産から抽き出し、後者に属するグループは、概して「不自由」であって「非特権的」な、または「法的保護外」の存在であり、たとえば古代社会の経済における奴隷のごときものとして自らの運命を実質的に変革する何らのチャンスも有していないのである。こうしてヴェーバーは、このような存在は、階級闘争も階級革命もそこに何らの場を占めることなどできそうにない典型的に「非ダイナミック」な階級成層の型であると言う(25)。盲目的な反抗運動はそこに起きるかもしれないが、実質的には現存する秩序を変革する見込みはなさそうである。

「階級」と「階級闘争」の概念は、より直接的に「営利階級」内部の対抗関係にも適合する。しかしヴェーバーは、「営利階級」――「専門家」と「労働者」だけでなく「企業家」も含めた――の階級的性格をマルクス主義のそれとは非常に異なった仕方で限定していることに注目すべきである。決定的な基準は、財産の所有と処分ではなくて企業家的管理そのものへの現実的な関与の度合いであって、また国家あるいは種々の組織的圧力団体の経済政策に影響を与えることによって企業家的地位の独占化を擁護する個々のチャンスでもあった。こうしてヴェーバーは再び、一方では企業家と高度に専門的訓練を有する種々の専門家集団によって構成された「積極的特権階級」――たとえば弁護士、科学者、医師、芸術家、たやすく他者をもって代替することの困難な特殊技能を有する労働者――を、他方では大量の労働者から成る「消極的特権階級」とを区別するのである。単なる労働能力以外に市場において売却するものを何ら有していないのは後者だけである。この分類方法は、成熟した産業資本主義特有の特徴、即ち、資本の名目的所有者と、事実として実際の政策決定を殆んど独占していると言ってよい管理者階級の分離を考察している点で特に注目される。ヴェーバーは、重要なのは形式的な財産所有ではなくて、むしろ「自らの階級の経済的利益のためにする企業家的リーダーシップの独占化」であるか、それとも労働者に関する限り、管理者の政策決定過程への参与を労働者から剝奪することであると述べてこの分類を正当化しようと欲した。[26]

これは相当ペダンティックな理念型図式ではあるが、それによってヴェーバーは「社会階級」が決して同質的存在でないことを立証できた。「積極的特権階級」、つまり財産と教養を有する階級内部にあってさえ、対立する経済的利害関係が働らいているのである。一方においては経済的、社会的に、従って政治的に安定している利子生活者の利害関心が、他方においてはダイナミックな経済成長を遂げつつある企業家的利害関心が存在する。少なくともこのことは労働者階級にあってもある程度は同じように適合するところであった。「独占的技能」を有する労働者の比較的小さい上層部分は特に経済的、社会的構造の実質的な変動には関心をもっていなかった。しかしヴェーバーは、労働者階級内部のこうした分岐が、将来におけるオートメーションの発達の一結果としてそれほど重要性をもたなくなるものなのか、それともヴェーバーの生存中に既に拡大しつつあった労働者階級の分解傾向がさらに一層継続するのかという問題となると多少曖昧であった。そういう関係でヴェーバーはマルクスと全く同一の観察に熱中し、マルクスがこの緊迫した課題に特別な注意を傾けたことを示す『資本論』最後の未完の部分にヴェーバーは直接注目した。[27] 彼はそれぞれの階級や階級の部分内にさえ明白な利害の差異が存在すると見て、単なる財産所有による階級成層、即ち一方での資本家、他方での労働者という見方は、それまでは彼も多少とも容認していたところであったが、やはり不十分と考えた。そこで彼は、先ず労働者階級の、第二に小ブルジョワ階級の、第三にはさしたる財産も所有していない知識人、訓練を積んだホワイト・カラー労働者、公務員などの階級、特に最後に重要なものとして財産所有者と高等教育（教養《ビルドウンク》）による特権を有するグループから成る階級層の極めて独自なモデルを設定しようとした[28]。

ヴェーバーはマルクスの階級概念をこのように実質的に修正しただけでなく、マルクスがこの概念に与えた絶対的意義にも賛同しなかった。特定階級の成員であることが、果してマルクスの考えたように、市場志向的な社会で決定的な戦略的意義を有するものかどうかについてヴェーバーは疑問を抱いていた。特定の社会集団が現実にとる行動は、そして集団の「階級地位」によって、または「階級利益」によって決定されるのでは決してなく、「……あらゆる階級は社会的に可能な無数の形態のどれかの担い手であるかもしれないが、常に必ずしもそうであるとは限らないのである」と主張した。さらに進んで彼は、この基本的な真実を「虚偽の階級意識」の概念にうったえて葬り去る根拠などどこにも存在しないとまで述べている。「同一の階級的地位にある人々は、一般的に、経済的性格をもった問題群のように緊迫性の極めて強いものに対しては、自らの平均的利益と合致する方向をとる大衆行動の形で反応するという事実……は、今日では一般化しており、また有能な著述家たちの確言によって古典的に形成されされた階級と階級的利害の観念――即ち、個人というものは自らの利害については誤ることはあるにしても、階級は誤ることはない――を有する擬似科学的操作を決して正当化するものではないのである」[29]。
ヴェーバーがルカーチの有名な言葉に異論を唱えた明白な理由は、社会的行為は経済的利害によってのみ決定されるものではなく、経済的な考慮が明瞭に表面に出ている事態にあってすらそういうことはないのであると確信していたからであった。人間は決して階級の線に沿って行為するものではなくて、極めて多様な非経済的な要因、たとえば伝統、宗教的な信念、さまざまな価値態度などの、いわば諸階級層を貫く諸要因によっても影響を受けることをヴェーバーは主張した。「理念的利害関心」が再び作動し始めるのはこの点においてである。「理念的利害関心」は、ヴェーバーによると、人間の行為は、彼がしばしば資本主義的産業主義の「生命なき機構」とよんだ匿名の力によって、個人に強制される社会的行為の目的合理的志向性を有する形態と規定する点において非常に重要である。

要約すると、ヴェーバーはマルクスの若干の結論だけでなく、かなり多くの意見をも容認したと言ってよかろう。彼はそうした結論や意見を、一切の社会的な諸力がその中に計上されて、官僚制化と合理化過程の着実な進行を補完しつつあるバランス・シートの一項目としたのである。ところで社会的現実から諸傾向を推論してゆくヴェーバーのテクニックは、ある意味でマルクスのそれと類似していることは注目に値するところである。両者ともに、彼らの主要諸概念を、社会過程における急迫した諸傾向がもはやそれ以上経験的資料によらずとも演繹できるような方法で構成した。それマルクスの資本主義概念は、究極において自己破壊的にならざるを得ないように構成された。それに対してヴェーバーの官僚制概念は、形式的合理化の徹底を本来的に志向する飽くことを知らぬ欲求を表現するものであり、官僚制は必然的に厳重な「目的合理的」諸原則に基いて結合している一切のものを再構成している。ヴェーバーの近代資本主義に関する理念型的叙述は、これまで人類史上達成された社会組織についての最も形式的に合理的で、且つ最も有効なものであり、一般に考えられている以上にマルクスに近接しているのである。

マックス・ヴェーバーの「経済的行為の基本的な社会科学的カテゴリー」は、ある意味で資本主義対社会主義の問題に関する彼の最後的な言葉である。一方における「市場経済」(Verkehrswirtschaft)と、他方における「計画経済」(Planwirtschaft)の二分法は、この文脈では資本主義と社会主義を区別するための理念型的用具として構成されている。[30]「市場経済」は一般的には資本主義制度とよばれているものにほぼ合致するが、「計画経済」は、ヴェーバーにあっては、社会主義経済の最も実現可能性をもったタイプとして、国家によって管理される中央集権的な経済制度を意味する。彼はこの二つのタイプを次のように規定した。「市場経済を通しての諸要求の充足は、それが利己心に基いてのみ可能とされ、さまざまな交換可能性を追求し、また財貨の交換によって社会的に実現されるもろもろの経済的要求の達成の結果として現われる限りにおいて生じることがらであると言ってよいであろう」。[31] 市場は資本主義制度の主要な機能であるというのがヴェーバーの一貫した見地であった。この理念型的定義において、彼は市場の役割を資本主義の合理性とダイナミズムの特有な源泉としてますます強調するようになった。一九五〇年代の新自由主義者たちに大きな影響を考えたのはこの考え方である。

だが社会主義を計画経済と同視するのは新しいことであった。実はヴェーバー自身、この同一視をあまり好まず、マルクス主義が富の分配よりも生産諸様式の方により多くの関心を寄せていることを正当に注視していた。(32) しかしヴェーバーは、ロシアの経験による衝撃と、一九一九年以来、彼が嫌悪と関心の入り混った気持で見守ってきたドイツで進められつつあった戦時統制経済の拡大による社会主義的理念の実現に関する論争の影響もあって、「計画経済」こそ社会主義の理念が実現される唯一の現実的な形態と考えた。

ヴェーバーは、科学的根拠に立つ限り、何れのタイプの経済制度も確立されそうにないことを慎重に指摘はしたが、「市場経済」だけが最大限の「形式的」な、あるいは今日の表現で言えば「手段的、技術的」合理性——特にあらゆる経済的機能の厳密な合理的計算に関する——を達成することは可能である旨を常に指摘した。いかなる社会主義経済であろうと、それが市場志向的価格体系を廃棄するところまで行けば、「形式的計算可能性」(33)の実質的減退に当面せざるを得なくなるだろう。「形式的合理性」の概念が効率極大化の原則に合致するという結論を免れる可能性は殆んど存在しないといっていい。ヴェーバー自身はそのことを明言しなかったことに論議の余地はあるだろう。しかし、資本主義が既知のいかなる形態の経済組織よりも遙かにすぐれていることを強調した箇所が随分多くみられることは、資本主義だけが純粋に形式合理的基礎に立って一切の活動を組織できるからであった。最大効率の基準が、一方における「市場経済」を評価するための、他方における「計画経済」評価のための尺度として考えられるのであれば、軍配は後者にではなくて前者に挙げられるのは明白であろう。しかしヴェーバーは、必ずしもそうした理由から資本主義を擁護する意図をもっていなかった。彼の思想についての今日のネオマルクス主義的諸解釈と異なり、ヴェーバーは、極端な「形式的に合理化された」見解に立つ資本主義は論外として、いささかも資本主義を謳歌する積りではなかった。『経済と社会』において、彼が、最大限の効率性を有する「市場経済」の純粋型について抽出し、理念型像はそれほど大きい魅力のあるものではなく、また彼が個人的に賛意を抱いていた資本主義の形態とは決して同一ではない。特定の経済制度において最大限の形式合理性を達成するには、次のような本質的諸条件が満足されなければならなかった。

一　市場における自律的経済集団間には、本質的に無制約な競争が存在しなければならないこと。これはヴェーバー自身の言葉によると、「人間の人間に対する競争」のダーウィン主義的原理の経済的解釈になる。ただ競争のみが経済的な成功と経済的な失敗を決定するのである。

二　市場における無制限自由競争の諸条件の下では、資本のコストだけでなく、価格も、従って賃銀も同様に、合理的に計算される貨幣経済をもたなければならないこと。

三　「無制限な市場の自由」が存在しなければならない。即ち「非経済的な権力によって支配される非合理的な性格をもつ独占体が存在しないこと、あるいは、自主的な性格の、従って、経済的な言葉で言えば、合理的な（即ち、市場志向的な）性格のものでなければならない(34)」こと。

四　「形式的に自由な労働」の存在すべきこと。即ち、労働者が自らの労働能力を市場において自由に（形式的、法的意味における）売却することが可能であり、他方、企業家としては、必要と考える場合には、いつでも労働者の労働を処分できるということ。

五　さらに必要な前提条件は、「労働者から生産手段を剝奪すること」である。「彼らは、自らの労働によってのみ所得を得ることのできる機会に依存するほかないのである。即ち、所有者による生産手段の所有が、実力によって保護されることは言うまでもないところである[35]」。

六　最後に、「個人財産権」の存在すべきこと。

これらの諸条件は、仮りに以前には存在したとしても、ヴェーバーの時代の資本主義的社会においては、完全な形で達成されなかったことは明らかである。こうした諸条件が、資本主義経済の理念型構成のためのパターンとして大いに役立った「初期資本主義」時代にあってすら果して適合したであろうかと疑われるのは無理からぬところである。しかし、このような理念型的図式は、ヴェーバーにとって、一つのマージナルな構成物に過ぎず、経験的現実には無数の市場経済のバラエティが発見されることであろうし、ましてやそのうちの多くのものは合理化されたシステムではあり得ないであろう。たとえば、当時の資本主義の現実態は、あらゆる種類の独占体によって強く規定されており、資本主義はその最大限の形式合理性の達成を阻害されていたことをヴェーバーは十分に知っていたのである。ヴェーバーが、市場経済のいやまさる不愉快で非人間的諸特徴をいささかも覆い隠そうとしないで、概括化しようと苦心した市場経済の純粋型に格別熱心であったと想像するのは恐らく全くの誤解であろうと思われる。

マックス・ヴェーバーが、後にH・マルクーゼの批判を受けたのは、資本主義の「形式合理性」を、資本主義の「実質的合理性」、あるいは、ヘーゲル流に言うなら、資本主義の理性と同一視したということであった。(36) このことは部分的には当っている。というのは、ヴェーバー自身、折りにふれて、「形式合理性」と「実質的合理性」は決して同一ではなく、一般的には両立し難いものであると指摘していたからである。ヴェーバーにおいては、「実質的合理性」は、形式的、あるいは手段《インストルーメンタル》的意味における合理性を意味するものではなく、社会体制や社会制度、または、たとえば社会正義の原則のように、何らかの基本的理念の実現を合理的に志向する社会的行為の諸形態にさえ関連する概念である。ヴェーバーは、ある箇所で次のように明言している。「資本計算における最大限の形式合理性は、労働者が企業家支配に服従する限りにおいてのみ可能であるということは、(資本主義的)経済制度の実質《サブスタンテイヴ》的非合理性の極めて特殊な場合である」。(37) つまり、経済関係では、特定の価値的立場から分析すれば、徹底的に合理的に組織された経済制度というものは極度に非合理的であるということである。しかし、ヴェーバーはこの点に関して十分明らかにしなかったことと、「形式合理性」だけでなく、合理性そのものが資本主義的「市場経済」においてのみ存在し得るとする考え方を優先させたことを認めざるを得ないであろう。従って、合理性、あるいは「理性」は、その他の経済制度よりも、むしろ資本主義の特徴にほかならないことになってくる。ヴェーバーは、あらゆる社会主義的経済——それが、市場を規制する機構を急激に廃止しようとすればするほど、そうなっていったのだが——が、「形式的」合理性と「実質的」合理性の間の基本的諸矛盾から生じる深刻な諸問題に当面せざるを得ないことを確信していた。このことを彼は明瞭に述べなかったにしても、それこそ社会主義的諸制度の将来性についての疑惑の主要な論点のように思われた。ヴェーバーは、社会主義経済は、不可能ではないにしても、何らかの価値志向的誘因によって個人的利得の機会と結合した効果的な仕事を行なうために、伝統的な経済的諸誘因を移植することは極度に困難となって行くだろうとう主張した。周知のように、今日の社会主義体制は依然として貨幣経済であるが、こうした性格の諸問題を確かに抱えているのである。また彼は、国有化された経済にあっては、労働者が、自らの個人的な経済的利益を中心に考えることを断念するだろうと信じるに足る理由はいささかもないどころか、社会主義体制における労働者階級の現実的な経済的地位は、資本主義下の労働者のそれとさして大きな差異はなかろうと警告した。(38)

市場志向的経済諸制度だけが、彼の言う意味での最大限の「形式合理性」を達成できるとするヴェーバーの論点が果して誤りないものかどうか、あるいは、実質的非合理性——たとえば、私的企業家の拘束に対する労働者の隷従とか、生態学的な理由から望ましからぬ方向へと殆んど不可抗的に進んでゆく経済成長のように——の形で支払われなければならない価格がそれほど高価なものではないと言えるかどうか、そうした問題はなお未解決のままに残されているのである。しかし、ヴェーバーが、社会主義よりも資本主義を選択したということは、特にマルクーゼらが考えそうに思われるところであるが、資本主義的経済体制だけが達成できるとする「形式合理性」の原則にヴェーバーが格別熱心であったと見るのは全くの誤解であろう。ヴェーバーは、しばしば、資本主義の合理化能力に一種の審美的な讃嘆を表明したとはいえ、純粋な形式的合理化が人間性を喪失させる点について極めて憂慮していたのである。事実、彼は、「形式合理性」に対する資本主義の渇望を痛く怖れていたのであり、それが資本主義の官僚制化との「非神聖同盟」——究極の敗者は官僚制であるよりも、むしろ資本主義なのだということを無視して締結された同盟——の基礎を形成したものであったからである。ヴェーバーが資本主義体制の熱心な讃美者であったというだけで資本主義の擁護者だったわけではない。むしろその反対であった。彼は目を見開いて、資本主義の社会的影響だけでなく、その制度の諸機能を、短期的に、また長期的に分析し、その実態を取り繕う意図など持っていなかったのである。彼は、資本主義が人間的秩序に有害な社会的諸傾向を創り出すことを明確に認識していた。しかし、そこからの安易な脱出口を発見できなかったのである。それだけでなく、特定諸条件の下では、資本主義があらゆる経済制度のうち、相対的に最良のもののように思われた。資本主義体制はその他の経済体制よりも望ましい。なぜなら、それは社会的ダイナミズムとモビリティを最大限に保障するからであった。このことは、支配的な影響力が、明白な諸理由から一切の社会的変化を嫌悪する利子生活者に与えられているような他の経済体制と比較すれば、自由な企業家、そうしておそらくは、高度な能力を具えた経営者が、彼らの有する創造的力量を自在に発揮できる多様な形態の資本主義経済にとって特に該当するところであった。ヴェーバーは、全くそれと同じ理由で、使用人や従属的な労働者グループの収入が、固定賃銀と給与の厳格なシステムによらずに、自由な契約によって決定されるシステムをよしとした。[39] しかし他方において彼は、必要とあれば労働者が、適正な社会立法によって保障される公正な取引的地位を確保されなければならないことを強く要求している。

西欧社会の将来に関するリベラルな信念と、深い考察によって、ヴェーバーは、ダイナミックな資本主義をその多くの欠陥にも拘らず、他の一切の社会主義的経済より遙かに望ましいと考えた。社会主義に関する彼の主張は二つの点で適切であった。まず重要なのは財産所有そのものではなくて企業家の地位のコントロールであることを主張する点においてであり、第二には、労働者階級だけでなく、現代社会における大多数の民衆の「疎外化」をひきおこす真因が、特殊な富の分配方式だけにではなくて、官僚制諸構造の成長にあることを指摘する点においてである。少なくとも後者については、歴史が彼の立場を弁証しているところである。生産手段の私的所有の廃止は、おそらく現代社会の緊急諸問題の適切な解決の端緒であろうが、同時に事態を一層悪化しないとも限らないのである。ヴェーバーは、人間的諸価値との関連において、複雑な産業社会の適正なコントロールのシステムを達成すべき方法や手段を明示しなかったものの、少なくともいくつかの決定的な問題点を指摘した。従って彼と正面から対立する側に立つマルクスの偉大さに匹敵する最高の意味でのブルジョワ的思想家と彼をよぶことは十分な正当性をもつものと考えられるのである。[40]

第四章　「正当的支配の三つの純粋型」の理論と人民投票的民主主義の概念

マックス・ヴェーバーの「正当的支配の三つの純粋型」(1)の理論は、おそらく彼の政治社会学中、最も有名な部分であろう。(2)それは実に、世界史の過程における多様な支配形態についての彼の推論の中心を形成する。「正当的支配の三つの純粋型」は近代国家にだけ適合するものでないことを知る必要があり、原理的には、あらゆる種類の権力関係の形態にも関連している。それはヴェーバーが普遍的意義をもつものと考えた諸問題につき、いくつかの基本的な観点から、特殊な具体的支配のケースを分析するだけでなく、確定することをも可能ならしめる「理念型」的体系化を構成しようという試みであった。こうした諸問題には、特に官僚制的世界におけるリーダーシップや、個人主義的自由主義に対する官僚支配の諸制度の適合性の問題も含まれていた。

「正当的支配の三つの粋粋型」の理論、より正確には正当的支配の諸類型の理念型的体系化の理論は、マックス・ヴェーバーの普遍的な理解社会学の最も成熟した、且つ精緻を極めた部分であると思われる。それは既知の過去における全歴史を通して、多種多様な支配形態の比較分析に基いて展開されている。さらに、遠い過去の歴史であろうと、現代社会であろうとを問わず、さまざまな支配形態を評定する一つの基準としての有効性を要求する点では、歴史的社会学だけでなく、歴史理論でもあったのである。

「正当的支配の三つの純粋型」は、表面的には世界史のコースと殆んど無縁のようである。全く静態的なものにも見える。官僚制的行政技術による「合法的支配」にしても、あるいは支配者に個人的に依存する個々の行政幹部による「伝統的支配」にしても、または「カリスマ的支配」――例外的資質に恵まれた人物として、彼に無条件的に献身する従者たちを通してのカリスマ的指導者の支配――にしても、これら三つの異なったタイプはいかなる意味でも結び付きそうにないものである。ヴェーバーは、こうした支配の三類型が必ずしも順を追って現われるものではないことを論証しようとした。「正当的支配の三つの純粋型」の理論は、カリスマ的支配形態から始まり官僚制的支配形態に至るといった世界史の直線的な見方を支持する図式として意図されたのではなく、また世界史のさまざまな循環理論ともなんら関わるところはなかった。カリスマ的支配形態は古代において支配的だったが、官僚制的形態は比較的新しい普遍史の所産であるという考え方を示唆するような箇所が彼の初期論文に時として見受けられるにしても、こうした誤解を先ずこの際防いでおきたいのは、ヴェーバーが、「官僚制的支配」類型を非常に慎重に述べているという点である。しかし後期の論文では、彼は特殊な歴史的事象の言及を体系的に切り捨てるか、それとも、単なる補足的役割に押し込めるかの何れかであり、歴史的時間の因素は注意深く排除されている(3)。さらに、これらの「純粋型」は、何れも歴史的、社会的現実にあっては事実として発見されないということを明瞭にしようとさえしており、せいぜいのところ「純粋型」に近い形態を発見できるに過ぎないものとしている。当然このことは、ヴェーバーの理解によると、現実の顕著な諸側面を浮かび上がらせるために、純粋に知的に構成された「理念型」の論理的な性質から出ているのである。経験的現実に現われる一切の支配形態は、これら三つの純粋型のさまざまな組み合せによる混合形態である。こうした明確な理念型的構成物を用いて経験的現実に接近することによってのみ、社会科学者は、しばしば矛盾した経験的資料の錯綜する迷路を通って一つの道を発見できることをヴェーバーは主張した。

にも拘らず、「正当的支配の三つの純粋型」の理論は、おそらく、遠くアリストテレスの君主政から寡頭政、衆民政、そうして再び君主政へと還帰する統治形態の理論にまで遡ることのできる知的起源の痕跡を残していることは注目に値するであろう。ヴェーバーは、アウグスト・ヴィルヘルム・ロッシャーの『政治――君主政、貴族政、民主政の史的自然理論』(Politik. Geschichtliche Naturlehre der Monarchie, Aristokratie und Demokratie, 1892.) による支配諸類型の一般図式のごときものの構成を刺戟されたのであろう。それはアリストテレスからポリビウス、マキァヴェルリを経てヴィコ、ヘーゲルへと時代を重ねながら継承された循環理論の伝統に立脚し、再びドイツ新ロマン主義によって取り上げられたものであった。ヴェーバーが、目的論的性格を有するように思われる一切のものを彼自身の体系化から取り除こうと苦心したのは、このような背景に抗してのことであった。「正当的支配の三類型」は、伝統的意味における世界史の構成と対立するものとして企図され、さらに支配に関する可能な諸形態の純粋に構造的なモデルにしようという積りであったのである。

だがそのことは認められるとしても、「正当的支配の三つの純粋型」の理論は、少なくとも上述の伝統的諸理論と共通した二つの問題を含んでいることを看過できないであろう。

先ず、この理論は包括的な理論であることを主張する点においてである。即ちそれが歴史における一切の既知の支配形態に適用可能であるとする点である。

第二に、この理論は、それぞれの支配の類型が、それらと対応する政治文化の類型(その有効性は決して政治や政治的技能だけに限定されるものでないことを含意するであろうが)と結び付くだけでなく、特定の経済制度とも、そうして結局は特定の文明とも結合しようとする傾向をもっているとする点においてである。この問題については、われわれが、三つの「純粋型」と、それらに結び付いている社会的行為の一般的な諸形態だけでなく、それぞれの法的秩序の諸類型の体系的図式を描いてみれば明らかとなる。それは本書一六五頁に掲げたグラフから推測されるであろう。(4)

しかし、ヴェーバーは後期の論文で、「正当的支配の三つの純粋型」の理論を、より狭い領域の政治的現象にも適用できるように、より合目的的に、且つ純粋な形で構成しようとしたことは承認されなければならない。三つの「純粋型」の体系的分析は、われわれの当初の印象と異なり、それぞれの間に明瞭な「理念型的」相互依存性が存在しており、この体系の主要な欠点、即ち「正当的支配の純粋型」の有しているる明白な静態的性格をある程度補完しているることが分るのである。先ず「カリスマ的支配」の類型は、歴史における現実的役割に対し、全く不釣合いなまでに重要性を与えられている。しかしカリスマ的支配類型に主要な役割が配当されていることは決して単なる偶然ではなくて、それこそカリスマの本質によるのである。カリスマとは、ヴェーバーによれば、あらゆる創造的な個人的リーダーシップの源泉であって、その故に他の一切の政治的支配の類型は、伝統的なそれであろうと官僚制的なタイプであろうとに拘らず、少なくともカリスマの要素を欠いては到底作動し難いものであった。ラインハルト・ベンディックスが適切にも述べたように、「カリスマ」概念はヴェーバー政治社会学の原型(5)なのである。しかし、現在ではかなりに問題のあるこの概念を、自己の政治社会学に導入することによってヴェーバーは果して何を実際に意図していたのであろうか。カリスマは、何よりも特定の人物に、その周囲の人々が指導者として自らを同一化するような資質である。ヴェーバーはこの概念を原始キリスト教共同体の用語から抽出したのである。そこではカリスマが神の施与として考えられ、それによって神自身が特定の人物を指導者に任命した。しかしヴェーバーはこの概念の宗教的意味を現象学的意味に転用して、献身者の群れを自己の周囲に集結させるカリスマ的指導者の資質に帰属させた。彼はカリスマを形式的な、おそらくは価値自由な仕方で規定したのである。カリスマは、従者たちが、無条件に特定指導者のリーダーシップに進んで服従しようと欲する意欲を彼らの内心において創り出す指導者の資質なのである。彼らが指導者のリーダーシップを受け入れるのは、ひとえに彼らが指導者の個人的資質を、指導者の目標が何であるかに関わりなしに信じているからである。ヴェーバーは、従者たちの指導者に対する随順が、個人的、情動的性質のものであることに止目した。指導者と従者との関係が情動的であり個人的性格のものであることが、「カリスマ的支配」に特有な不安定性の主要な理由であるというのがヴェーバーの見解であった。カリスマ的指導者は、自己のリーダーシップの資格を日々に新たに立証しなければならず、従ってそれに成功することが自らの地位保全にとって本質的なことがらである。成功が指導者のカリスマ性判定の唯一の基準であることを承認することは多少不快な感なきを得ないにしても、指導者が、従者たちの心奥に創り出したさまざまの期待に沿って行動することが出来ず、また行動しないとすれば、彼のカリスマ的魅力は一挙に崩壊し、従者たちの結集も失なわれ、彼らは指導者を見棄てるであろう。

ヴェーバーはその政治社会学的文脈において、カリスマ的リーダーシップを他の類型の特殊なタイプのものとして取り扱ったが、それを最も純粋なリーダーシップと同視する強い傾向を示した。このことは、歴史における個人の役割に関するヴェーバー自身の個人的信念にふさわしいことである。ヴェーバーのカリスマ的人格は、人類をより高いレヴェルに上昇させようとする英雄的な試みにおいて、自らのため、また自己に随順する者たちのために、新たな価値を呈示したニーチェの超人と極めて共通する多くのものを有しているのである。(6)

すべて純粋なリーダーシップは、何らかのカリスマ的性格を有するという想定は、「カリスマ」の要素が、日常化された形態のものであろうと偽装されたものであろうとを問わず、支配のあらゆる体系において、その性格とは無関係に要求されるものであるという結論になってくる。合理的なタイプの官僚制支配の力と安定性とは、その体系がカリスマ的資質、即ち最高の地位を獲得する「リーダーシップ」の資質を有するダイナミックな人物を許容するかどうかに関わるということをヴェーバーは繰り返えし指摘した。というのは、官吏にあらざる彼らのみが「党諸機関」によって一般民衆に「売りに出され」、次いで行政官僚の手を借りて補完される諸目標と諸目的を呈示できるからである。ヴェーバーはしばしば、官僚的指導者と政治的指導者の基本的な相違を強調した。前者は制定された法的諸規範の体系に合致して管理するに過ぎないが、後者は一般民衆の適切な支持を動員するだけでなく、行政部を指導しなければならない。たとえば、ヴェーバーによると、ヴィルヘルム治下のドイツの積悪は殆んどこの本質的な真実が常に無視されたところにあった。ヴェーバーはこの文脈では明言こそしなかったが、経済制度についても同じことが言えたのである。ダイナミックな経済は私的企業家の経済的リーダーシップの能力なしには存在不可能であると考えた。

しかしここにどうしても直面せざるを得ない根本的な一つの困難が伏在している。後述のように、ヴェーバーには支配（Herrschaft）を多少とも個人《パーソナリスティック》的な関係に限定する傾向があったので、カリスマ的リーダーシップとカリスマ的「支配」を明確に区別しなかった。厳密に言えば、純粋なカリスマはいかなる形態の制度化も嫌悪するのであるから、カリスマ的支配のタイプはそもそも不可能なのであり、それは純粋に束の間の現象に過ぎない。にも拘らず、「カリスマ」概念はヴェーバーの正当的支配類型論では決定的な役割を演じていることを知ることは重要である。この概念が支配の三類型を結合する主要な要因になっているのである。ヴェーバーの「理解社会学」では次に述べようとするダイナミックな変化の理念型的諸形態は、正当的支配の一つの特殊な純粋型がそれによってその他の純粋型に転じたり、混合したりする事態にぶつかることもあり得るのである。

先ず伝統主義的な環境に直面したカリスマ的人格とその従者たちの断乎たる行為によって招来される革命的突破である。そうしたダイナミックな突破は一般にある種のカリスマ的支配の確立を実現する。

第二に、革命的「カリスマ」の「日常化」である。それは、カリスマ的支配体制をやがて家父長制的支配や、より一般的なタイプの家産制的支配の伝統拘束的社会に変質させるのである。

第三に、社会変動の異なる一つの世俗的力としての合理化、より正確に言えば、形式的合理化が確立されることである。それによって政治的、社会的組織の伝統拘束的な、あるいは価値志向的な諸形態が、次第に純粋な目的＝合理的諸制度に転換する。こうして合理化は次のような巨大な力を有する二つの緊迫した傾向を現わすようになる。即ち、効率を極大化しようとする傾向と、遠大な政治的、社会的変化の推進を極度に困難にする体制安定化の傾向これである。

ヴェーバーは、合理化過程が、価値志向的なタイプのものであろうとカリスマ的性格のものであろうとに拘らず、革命的行為によってしばしば開始されたことを指摘する。前者は「人間の権利」というイデオロギーを発明し、近代資本主義をも生み出したピューリタン諸教派によって例証されるところである。合理化への道を拓いたカリスマ的革命行為の適例は、ヴェーバーによればユダヤの予言者たちによって示される。彼らはユダヤ人に対して、選民たるに最も適わしい非日常的生活態度を要求し、自己の生活を合理的な社会的行為の鉄則に従わせようとした。さらにヴェーバーは、「合理化」過程が、特定の場合には特殊な価値態度と本質的な結合関係をもっていることを考慮に入れてはいる。しかし合理化過程は、純粋に目的志向的な社会的諸制度の普遍的発展を促進する限り、殆んど常に社会的行為の一切の価値志向的形態を犠牲にするような異なった方向をとるのである。

すべて「目的合理的」な社会的諸制度は、特殊な究極的諸価値のセットから抽出されたり、またはそれに依拠する法的諸原則に従うよりも、もっぱら純粋な形式的合法性の原則に則して作動することがその最も著しい特徴である。遺憾ながらヴェーバーはこの点について卒直に語らなかった。それは彼が、合法性に関する一切の価値志向的見解――その最も顕著な例としては「自然法」であろうが――というものは次第に衰退してゆくであろうという想定に立って行動していたからである。少なくとも現代産業社会では、価値志向的な考え方は、具体的内容をすっかり喪失したように思われた。官僚制化の不可抗的進展のみならず、近代科学の進歩とも緊密に結合した「呪術からの世界の解放」は、価値志向的支配諸形態存続の余地をますます狭隘にした。

さらに進んでヴェーバーは、合法的支配類型の最大特徴として、合法性の純粋に形式的な性格を強調したことに止目すべきである。法律規則の正当性を確立するものは、法規が形式的に誤りなく制定されたことの確信であるのに対して、法規の表現している実質的諸価値は単に限定的な役割を演じるに過ぎないのである。ヴェーバーは「合法的支配の純粋型」を「カリスマ的支配」の弁証法的対応物として構成し、従って、後期の論文においては制度の正当性が、「被治者」の基本的な価値志向的諸態度から抽出される一切のケースについて論及することを意図的に切り捨てている。このことは民主主義の伝統的理論についても同様である。

ヴェーバーは、純粋な合法的支配類型の下に挙げられる一切の要素の完成態に最も近接しているように思われる社会を陰鬱に描写した。そうした社会は、個人的に志向された創造的な行為が殆んど、あるいは全く成り立つ余地のない、純粋に形式主義的性格の法律や規則によって織りなされた網状組織をもつ万能の官僚制によって管理されることであろう。そうしたシステムでは、組織や機構は、特定の集団や個人の価値態度を一切顧慮することなく、ひたすら技術的配慮だけを計算に入れるに過ぎないであろうから、一切の道徳的諸価値は殆んど無用となるであろう。ヴェーバーの見解では、官僚制化の傾向は不可抗的であるに近かった。なぜなら、官僚的諸機関はその統制範囲をただ連続的に拡大するに過ぎなくても、それでもやはり、一切を厳重な合理的諸規制の下に服従させる傾向を有するからである。あらゆる個人の創意が、必然的に法律規則の網状組織の鉄の力によって窒息させられるであろうことを認識するにはそれほど大きい想像力を要しないのである。政治体制はこうして抑圧的となり、経済もまた次第にダイナミズムを喪失して静的体制となり終ることであろう。

しかし、ヴェーバーがいかにこうした予測にとり憑かれ、官僚制が不可壊的な世界の事象に属していることに気付いていたとはいえ、部分的なカリスマ的「突破」の可能性は、高度官僚制的社会においては、もはや存在しないというふうには断定しなかった。このことは彼が新たなカリスマ的支配諸形態そのものの出現を期待していたという意味ではない。だが官僚制的社会の特殊な部門では、有能な人物が社会的諸制度に対して新たな諸目標を設定し、そうした目標を政治的諸手段によって補完することが可能となるように、大衆からの十分な支持を獲得するだけのカリスマ的賜物を身につけて登場するチャンスは常に存在していた。可能な技術的諸手段（たとえば党機関のような）を利用して、彼らは、もしそれがなければ静的になるほかない社会的諸制度に新しい刺戟を与えることもできるであろう。こうしてヴェーバーは、合法的支配を官僚組織の枠内で、カリスマ的指導者が影響力と権力の座につくことのできるような社会的、政治的諸構造を強く期待した。彼は偉大な民主的指導者の国民投票的支配がこれらの必要に最もよく適するものと信じた。以下いくらか立ち入って述べようと思うが、結局のところ彼が「国民投票的指導者民主主義」といわれるものの熱烈な擁護者となったのは何よりもこの故であった。

マックス・ヴェーバーは、「人民投票的民主主義」を、産業的大衆社会に一般化している諸条件の下での唯一可能な生存能力ある形態と考えた。彼は、「正当的支配の三つの純粋型」の理論に対してどのような位置を考えたであろうか。現代の「人民投票的民主主義」の適切な位置をこの精緻な図式化の中に発見するのは相当困難であり、ヴェーバーの政治社会学を、すべての人々に自由を保障しようとする「立憲民主主義」のシステムについてのわれわれの信念に立って理解しようとした少数の学者たちを痛く悩ませた問題である。この困難な問題にとりかかる前に、なぜヴェーバーはその論文の中で「非正当的支配」の可能なタイプについて全く顧慮しないで、ただ「正当的支配」に関してのみ語ったかという問題を提起せざるを得ない。古典的な専制政治とか、彼の時代のさまざまな権威主義的体制、あるいはファシズム、共産主義の変種ともいえる現代の全体主義的体制の占める位置とはいかなるものであろうか。「非正当的支配」の概念はヴェーバー社会学の中にただ一度だけ顔を見せているに過ぎず、しかもそこでは、他の政治的権威に正当性を賦与することのできる唯一の源泉――中世の伝統について語るならば――であった昔時の君主による政治支配から、自己を解放した中世都市国家に関連してだけ言及されているにすぎないのである(7)。

この問題は明らかに「正当的支配の三つの純粋型」の理論と無関係だった。事実としてヴェーバーの「正当的支配」に関する社会学理論の文脈には、非正当的支配の諸形態を容れる余地はないという結論を免れることは不可能である。こうした概念化は、今日の同意による統治と称せられるものと、操作や抑圧によって人々を強制的に服従させる専制的独裁との区別を明らかに消滅させるのである。何故ヴェーバーが常に「正当的」支配だけを語るかの理由は、彼が全く機能主義的方法で「支配」現象にアプローチしたことからある程度説明がつくのである。「権力」(Macht)と「支配」(Herrschaft)は、次のように極めて形式的な方法と、同時に蓋然論的なことばで定義されている。

「『権力』(Macht)とは、特定の社会関係における行為者が、抵抗を押しのけてでも自己の意思を貫く地位につくことのできる『可能性《プロバビリティ》』(Chance)のこと」であり、この可能性の基礎は何であってもかまわない。「『支配』(Herrschaft)とは、特定の内容を有する命令に特定の集団の人々を服従させる可能性のことである」[8]。または、別の文脈でヴェーバーが述べるように、「社会学的概念としての『支配』は……被治者を何らかの命令に服従させるチャンスが存在する(für einen Befehl Fügsamheit zu finden)ということを意味するに過ぎない」[9]のである。こうした定義から、さまざまな「支配」の類型に関する「正当性」の独自な意味を推測できよう。それは、支配者の命令が、個人的に与えられるにせよ、あるいは、もっとよく起きることであるが、審議団体において規則、法律、訓令などの抽象的な文言で決定されるにせよ、そうしたこととは無関係にこれらの命令に対して臣民(または「被治者」)を服従させる諸動機に関連している。ヴェーバーによれば、何らかの命令に特定の集団の人々が服従する見込みは、彼らがその体制の正当性を信じているかどうかの一事にかかわる。しかし何故に、また如何なる条件の下にその体制が正当的であり得るかのという実質的な根拠を一層立ち入って発見しようとすれば、全く雲をつかむようなものである。そうした信念に三つの異なったタイプがあるといわれるが、確かにそれがすべてである。ヴェーバーの使用する正当性の概念は、結局、個々の政治体制の安定性の同意語以上のものではないのである。要するに、「支配」の「正当的」な諸体制と別種のものなどあり得ないのである。もし「被治者」が特定の政治体制の正当性を信じていなければ、体制は必然的に不安定となり崩壊するだろう。反対に安定した支配体制は、それに支配されている人々によって、事実として(ipso facto)支持されなければならない。[10] ヴェーバーは不幸にもこの問題を一層突っこんで分析しなかったが、それは彼が意図していた機能主義的接近方法が許さなかったからである。そのために正当的支配の諸類型の包括的理念型図式を呈示しようとした試みそのものが、実質的な諸欠陥と必然的に結合することになったといえるであろう。

むろんヴェーバーが正当性の諸問題に関する価値志向的論議に深入りしなかったことは正しかった。しかし、安定性——しかもこれこそが成功の別名であるが——が、果して特定の政治体制を正当的とみなす決定的な基準であるかどうかの問題は依然として残されている。非正当的支配のかりそめの諸形態すらそこに介在する余地は存在していない。三つの形態のどの一つをとってみても、ヴェーバーの概念化に基づく限り、非正当的政治体制は直ちに崩壊するほかなく、しかも反対に安定した統治でありさえすれば何であろうとすべて正当的となってしまうのである。

「正当的支配の三つの純粋型」は、それぞれ相互に矛盾すること、たとえば家父長制的支配類型に属する政治体制は、カリスマ的、官僚制的諸原則に照らしてみれば非正当的であるというような議論も可能であろう。しかしヴェーバーはそのように考えなかった。[11] 彼はしばしば、すべて経験的に既知の支配形態が、混合型の、つまり正当性の三つの源泉の組み合わせの基礎に立つことを指摘した。たといそのうちの一つの形態が他の二つのそれより大きい役割を果たしていたにしても。「カリスマ的」支配形態は、「伝統的支配」あるいは「官僚制的支配」の要素が欠落しておれば、最小限の安定度すら達成できず、また官僚制的体制も、「伝統的正当性」と「カリスマ的正当性」の二つの実質的要素の付加的支持なしには存続不可能である。

してみれば、この考え抜かれた機能主義的概念化から生じる諸問題からの安易な脱出口は存在しないことになる。この概念化に多少の修正を施そうという企図——たとえば、あらゆる民主的な支配体制に対して特に適用される「正当的支配」の第四の型を付加しようとするような——は徒労に終らざるを得ないのである。[12] 国民の同意に基づく限り正当的と考えられるような政治体制と、多少とも抑圧的であるその他の政治体制とをいかにして区別するかといった緊要な問題は、右のような根拠によって何らの解答も発見できないであろう。というのは、ヴェーバーが、第一に、正当性に関する価値志向的論議を意図的に放棄したこと、第二に、安定した体制はすべて、個々のケースにあって極めて異なる性格を有するにしても、事実上は「被治者」の同意を獲得しているものと想定していたらしく思われるからである。

社会学的見地からすれば、これは、自由な支配体制と抑圧的な支配体制を区別できる基準を設定することに失敗したとはいえ、やはり完全に正当なアプローチではあった。さらに、ヴェーバーの「民主的支配」の概念が、彼の支配に関する社会学的理論と殆んど同じように機能主義的理論でもあったので、彼はこの問題にそれほど関心をもたなかったといえるかもしれない。ヴェーバーは、現代官僚制社会の社会的、政治的諸条件の下では、民主主義こそ最大のダイナミズムとリーダシップを与えるものであるとの根拠に立って民主主義を擁護した。しかしながら、古典的民主主義理論は、彼にとって殆んど無意味なものであった。彼は人民主権の理説を全く信じていなかった。一九〇八年に、当時、人民主権の倫理的要請を、新たな寡頭制を生み出した現実とどのように調和させるかという問題の答えを発見しようと苦心していたロベルト・ミヘルスに対して、彼は次のように書き送っている。「あなたはどこまで忍耐を続けるべきであると考えていられるのですか。『人民の意志』、即ち純粋な人民の意志というような観念は、私にはもう随分と長い間、存在しなくなったと思われるのです。そうしたものは仮構に過ぎません。人間による人間の支配を根絶させようと考える観念は『ユートピアン』なのです[12]」。議会制民主主義は、ヴェーバーには、人民の自己決定原理の実現ではなかった。彼の考えでは、そうしたものは単なるイデオロギーの紙屑に過ぎなかった。議会制民主主義の主要な目的は、純粋なカリスマ的資質の持ち主である政治家——狭量な官僚ではなく、有効な政治的指導者——を権力の座につけることにあったのである。

この文脈で議会制諸団体は二重の役割を果たさなければならなかった。ヴェーバーの述べるように、これらの団体は、第一に純粋な指導者たちの理想的な訓練の場であった。第二に、それら諸団体は、必要とあれば、特別調査委員会を設定し、行政官僚を抑制すべきであった。そのほかに、ヴェーバーは議会制諸団体にむしろ消極的な役割を与えた。議会そのものは、一般的な意味においてすら、政治の現実的なコースを決定すべきものとは考えられなかったようである。ヴェーバーによれば、一般民衆の中だけでなく、議会の中ででも多数派を創出し、さらには、実際のプログラムに基づくよりも、むしろカリスマ的説得力と積極的デマゴギーによって多数派を形成するのが偉大な政治的指導者なのであった。

ヴェーバーは、現代の「人民投票的民主主義」におけるすべてのリーダーシップを、カリスマとの関連で記述するのに躊躇しなかった。一般民衆だけでなく、代表者のグループは、政治的指導者に服従するよう期待されてはいるが、それは指導者が特定の政策見解に立っているからというよりも、むしろ民衆と代表者たちが指導者の個人的指導能力に信頼しているからなのである。一般に民衆というものは、重要な政治問題を現実的利害得失に立って判断することのできない存在であるとヴェーバーは無遠慮に述べている。民衆は問題を最も説得的な仕方で表現する指導者に追随してゆく。従って、民主的プロセスは本質的に、民衆の支持を獲得するために競い合う政治的指導者の闘争であり、その中にあって指導者それぞれの「積極的で、デマゴーギッシュな」資質が格別に重要になってくるのである。このことは明らかにヴェーバーが経済学の領域から、議会制的大衆民主主義の領域に移植された自由競争のモデルである。同時にそこには、この競争における最後の勝利者は、フォーマルな意味で最も有能な指導者であるばかりでなく、彼の政治的プログラムもまた最もすぐれたものであるとする想定に立っているのである。代議制的諸団体は、政策決定過程において、厳密に第二義的な役割を賦与されているのがこの民主的支配の理論の帰結である。これらの諸団体は、一般に、政治的指導者たちの抑制不可能な創意力に対して、均衡を維持する対抗力たる機能を有するにとどまる。議会の多数者を継続的に集結するのに必要なことは、彼らのカリスマ的指導能力が、日々、間断なしにテストされなければならないことである。それに対して議会の機構は指導者交代の問題について理想的な解決方法を提供する。特定の政治的指導者がリーダーシップに欠ける徴候を示すなら、即ち彼のカリスマ的資質が減退しつつあることが示されるならば、直ちに彼に代わる新しい、より資質のすぐれた指導者を発見することが議会制の諸団体の任務である。

ヴェーバーは、積極的にデマゴギー性を発揮して権力を競い合うカリスマ的指導者の果たす役割が重要となっている現代の「人民投票的民主主義」は極めて情動的なものであることを認めた。人民投票的民主主義にあっては、「概して、指導者に対する献身と信頼が、不可避的に情感的な性格をもっている」[14]ことに止目した。彼はこのことを論議の余地なき事実として承認したのである。現代官僚制社会では、偉大なデマゴーグのみが現実にリーダーシップを確立し得ると確信する。行政官僚の助言を期待するのではなく、直接に大衆にうったえることにより、偉大な政治家は、長期的視野に立った果敢な政策を追求できるのである。

ヴェーバーは、このような「カリスマ的リーダーシップ」は単なる一つの要請であるだけではなくて、近代民主主義の性格における基本的変化の一つの帰結として既に古くから現われていたと指摘し、この主張をさらに強調した。選挙権の拡大と、高度に組織化された政党機構の発達は、党加入の如何にかかわりなく、合理的な審議によって国家政策に関することがらを決定するところの、国民の事実上のエリートとしての議会という古い自由主義的観念を、既に遠い昔に洗い去っていたのである。議会が一切の決定のなされる唯一の正当な団体としての地位を保持しているというのは、ただ形式的意味においてのことであるに過ぎない。事実は、かなり古い以前に、党諸組織がその他の一切の政治的な機能だけでなく、議会の現実的な規制力をまで奪取していたのである。以後大衆の支持を調達する可能性に注目して、政治的諸問題を表現するのは、議会であるよりも、むしろ党組織であった。従って討論と合理的審議によって到達した諸決定は、次第に人民投票的決定に取って代られることになった。それと同時に、直接大衆にうったえることのできる新しいタイプの政治的指導者群が出現した。それからというもの、人々は、もはや政治的イッシューと政治的プログラムの何れをとるかといった選択を行なうことなく、ただ自己の主張の正しさのみを大衆に説得する課題を有する政治的指導者たちを選択し、彼らのカリスマ的、デマゴーグ的能力を利用しようと期待しているのである。

偉大な人民投票的指導者、またはヴェーバーが『職業としての政治』に述べたような、『選挙戦の独裁者』の出現は、彼によると、「人民投票的」民主主義への決定的な第一歩であった。[15]カリスマ的アピールによって自己の背後に大衆を結集する「人民投票的独裁者のみが、人間的活動のすべての部分にまで官僚的諸制度がその機能を拡大してゆく社会にあってリーダーシップを確立できるのである。しかしこのことは、議会のメンバーたちが、彼の配下に組み入れられた単なる政治的受禄者」になっていることを意味するのである。[16]一九一九年におけるドイツの政治的状況から、ヴェーバーは次のような診断を下している。「一つの機関〔即ち、政治的指導者に完全に従属している高度に官僚制化した党組織〕を備えた指導者民主主義か、それとも、指導者なき民主主義、即ち、使命感をもたず、指導者を指導者たらしめる内面的、カリスマ的資質をもっていない職業政治家の支配か、その何れかを選ぶほかないのである」[17]。「指導者民主主義」とは、民主憲法の枠内における偉大な政治的人物のカリスマ的支配を意味しているのである。「指導者なき民主主義」とは、万事が単なるルーティンに属することがらとして処理される民主的支配の形式をいう。

この点においてわれわれは再び、現代人民投票的民主主義の概念が、ヴェーバーの「正当的支配」の理念型理論の中で如何なる位置を占めているかの問題を取り上げることができよう。どのような形態の近代立憲民主政でも、そのすべての機能が立法手続と、さまざまな形態の法律に従って運営されてさえいれば、それだけで「合法的支配」の名の下に包括されるにちがいないと人は期待することだろう。だがマックス・ヴェーバーはそうは考えなかった。彼の解決方法は、彼の推論の独自性を高度に示している。しかもそれは、現代官僚制社会における政治的リーダーシップの諸問題に彼が与えた主要な意義を考察する時に始めて理解されるのである。ヴェーバーの初期論文に見られる傾向と比べると、彼は、現代人民投票的民主主義を、多くの伝統的なタイプに属する民主主義と本質的に異なるものと考えている。一九一九年頃に書かれた『経済と社会』の末尾の部分において彼は、人民投票的民主主義を「カリスマ的支配」の反権威主義的変種と見ている。「人民投票的民主主義、即ち、最も重要なタイプの指導者民主主義は、純粋な意味では、形式的に被治者の意思から抽出され、さらにその存続のためには、被治者の意思に依存している正当性の背後に隠された一種のカリスマ的支配なのである。さらに指導者（デマゴーグ）は、〔服従者らの《フォロワース》〕献身と、一人格としての指導者に対する信頼感を通して支配するのである」[19]。ヴェーバーは進んで、このことが必ずしも人民投票的民主主義の非合理的解釈とはならないことを明らかにしようと努めた。「カリスマの反権威主義的解釈は合理的な解釈になるのが順当なのである」[20]と彼は論じている。カリスマ的リーダーシップは、原理的にそれと異なる「目的—合理的」な政治的システムと十分に両立可能なものと彼が考えていたことは明白である。それにも拘らず、カリスマ的正当性類型における「人民投票的民主主義」の分類は、民主的システムではカリスマ的指導者権力が被治者の形式的同意に依存するというヴェーバーの議論を重視するとしても、いささか意想外なところがある。というのは、先ずリーダーシップの問題は、果してヴェーバーの考えたように決定的な問題であるのかどうかはなお究明の余地があることと、第二には、厳密に言えばカリスマ的指導者とは、自己にのみ責任を負う者であって、選挙民の意思に従って行為することよりも、「積極的」なデマゴギーをもって彼らを説得しなければならぬ存在であるとするヴェーバーの主張を、民主主義の観念と和解させるのは困難に思われるからである。

とはいえ、反権威主義的カリスマ支配の変種としての現代人民投票的民主主義に関するマックス・ヴェーバーの解釈に従うことは、西欧の民主主義的諸制度の最近の傾向が、彼の分析の正しさを立証しているように思われる限りにおいて正しいであろう。政治学者の中でも、レーヴェンシュタインがこの点を指摘した。しかしこの指摘が当っているとしても、「カリスマ」が如何なるものであるかという問題は、かえって一層重要になってくるのである。

多くの学者は、ヴェーバーの「カリスマ」の理念型理論が、「たとえばグラッドストーンやローズヴェルトのごとき責任ある民主的指導者の純粋なカリスマと、クルト・アイスナーとかアドルフ・ヒットラーのごとき人物の破壊的カリスマ[21]」との間に如何なる差異も認めていないことに当惑を感じたものである。それでは、民主的社会秩序において自由を保障するカリスマ的支配類型と、全体主義的あるいは擬似全体主義的体制を出現させるかもしれないカリスマ的支配類型との境界線はどこに存在するであろうか。ヴェーバー政治学はこの問題を未解決のままに残すほかないように構成されているのである。従ってある著作家、たとえばアーサー・シュレージンジャー・ジュニアのような人は「カリスマ」概念を放棄すべきものとしている。[22]ほかにもたとえばカール・レーヴェンシュタインは、ヴェーバーの「カリスマ的リーダーシップ」の概念が有する欠陥を補完する仕方で修正しようとした。[23]カール・J・フリートリッヒはそれとは異なる解決方法を発見しようとしている。彼は「カリスマ」の本来的な宗教的意義に依拠して、その基礎に立ってリーダーシップを「民主的リーダーシップ」と「イデオロギー的リーダーシップ」の二つのタイプに区別する。フリートリッヒによれば、ローズヴェルト、チャーチルは前者の適例であるに対し、「イデオロギー的リーダーシップ」――それは全体主義社会だけでなく、民主的社会においても機能できるものであるが――は何よりも政党指導者に適合する。[24]しかしイデオロギー的政治よりは実際政治の方に強い偏りをもつこうした区別からどれだけ多くのものが得られるかは議論の余地があるだろう。というのは、フリートリッヒがセオドア・ローズヴェルトのリーダーシップの個人的かつ霊感的性格と呼んだものと、ヴェーバーがグラッドストーンを「人民投票的独裁者」と呼んだ時にその心の中にあったものとの間にどのような違いがあったであろうか。大衆に対する彼らのアピールの非合理的な性格は、多少とも全体主義的徴候をもっているイデオロギー的指導者たちの性格と実質的には異なるものではない。彼らにそれぞれ違ったラベルを貼り付けてみたところで、それによって得るところは殆んどないであろう。

カリスマ的リーダーシップが民主的システムと両立可能であるかどうかの謎を解くために有効な別のアプローチがありそうに思われる。「カリスマ的リーダーシップ」に関するヴェーバーの概念の本質的な弱点は、カリスマの非合理的性質――これは確かに少なからず重要ではあるが――に在るよりも、むしろカリスマが特定の人物を指導者として資格付けるだけでなく、同時にカリスマが彼の権威を正当化し、こうして少なくとも間接的に、彼の服従者たちからの無制限な随順を彼に賦与するという考え方に在るのである。カリスマの威力が失敗や敗北によってそこなわれない限り、それを信じている人々がカリスマを有する人物に服従するのは彼らの義務である。遺憾なことにヴェーバーは、「カリスマ的リーダーシップ」とカリスマ的支配とを十分明確に区別しなかった。そこから上述の諸問題が派生してくるのである。なぜなら、「カリスマ」概念を形式的意味でリーダーシップの一つの基準として容認することは民主的諸制度においてすら全く可能なことであるが、そうした諸制度の正当性と何の関係もないことだからである。「指導者民主主義」では権威は指導者たちの意のままであり、また事実として、形式的には「被治者」の同意から抽き出されるにしても、指導者の個人的カリスマによって正当化されるというヴェーバーの見解（これは一九一九年、ルーデンドルフとの有名な対論でも、ヴェーバーの述べた民主主義解釈であるが）[25]は、政治的に濫用される危険が多分にあった。重要なのは、指導者のカリスマ的資質であるが故に、民主的諸制度は指導者の手中に握られた単なる機能的な機構にしか過ぎないとヴェーバーが主張した時、彼は自説を過度に強調したのであって、「指導者原理」（Fuhrerprincip）、即ちファシスト的指導者原理に、危険にも接近したのであった。

しかしマックス・ヴェーバーは歴史的危機の時に、「正当的支配の三つの純粋型」の理論を展開し、しかもわれわれとは非常に異なった歴史的展望をもっていたことを忘れてはならない。「人民投票的民主主義」というよりも、官僚制的テクニックと結合したカリスマ的支配として記述する方がより適切な、ファシスト的、またはその他の全体主義的体制出現の可能性を彼は注視しなかった。一切の個人的自由をますます危険に陥れかねない官僚制的諸構造の着実な発展の予測に彼は付きまとわれていたのである。彼はカリスマ的突破よりも、沈滞と硬直化が時代の真の危険物と考えた。彼の見解によれば、政治におけるダイナミズムと可能性の致命的な頽勢は、対立物である「カリスマ的リーダーシップ」によってのみ、挽回されるであろうということであった。カリスマ的指導者は、官僚制の野望を抑止すべきであった。指導者は、その独自な資質をもって官僚制の致命的なルーティン化の法則を破砕し、新たな目標を設定して、政治的沈滞と官僚制的ルーティンにより閉塞されている社会に新しい進路を拓くのでなければならなかった。「開かれた社会」をして、官僚制化の非人間的諸力に対抗させ、開かれた姿を保持させるのは、まさにカリスマ的指導者の務めであった。この務めは、真に有能な政治家たちに、「積極的」なデマゴギーと、効率の高い党諸機構の多様なテクニックを用いて彼らの個人的、政治的意図を実現させることのできる民主的な諸制度において最もよく達成されるであろう。これに対して議会の諸制度は、指導者のカリスマ的資質の日常化に対する防塞として行動するのである。さもなければ、指導者たちは、リーダーシップと権力のための自由競争を最大限に保障してくれる立憲的枠組内で、説得と世論喚起の正当な手段を駆使することが不可能となり、それに代って操作と抑圧のテクニックにうったえる誘惑に駆られるかもしれないからである。

第五章　絶望の自由主義者

タルコット・パーソンズは、数年前、マックス・ヴェーバーが、西欧文明史の危機的時点に立っていたと指摘した。(1) 彼の政治的役割と学問的業績は、「ヴェーバーはイデオロギーの終焉を告知した(2)」とみるパーソンズの推測とは、おそらく正確に合致しないだろうが、確かに、政治思想のみでなく、いろんな思想領域における一つの新しい出発点をなしたように思われる。ヴェーバーは、知的領域だけでなく、政治的領域にも、実質的な変化の生じている時期に、その主要な述作を書いたのである。世紀の転換期における政治は、支配者層が、どのようにして有効な諸目的に指導すべきかの術を知らなかったナショナリズムの一般風潮に深甚の影響を蒙った。第一次世界大戦は、伝統的な支配者層と中間層の一種の妥協の上に成り立っていた伝統的西欧秩序の崩壊をもたらしたが、他方、殆んどの労働者は、依然として政治のシステムには統合されていなかった。一切の伝統的諸価値が、もはや国民一般を捉える力を失ったように見えるからには、最後の手段として、戦争にうったえることが、中間層の新しいナショナリズムと融和するための絶望的な試みに過ぎなかったのである。

ヴェーバーがその業績の大部分を、ドイツの政治についての殆んど完全な挫折感のただ中で書いたのはこの時期においてであった。彼は既に第一次世界大戦勃発のかなり以前から、自分がまことに不安定な基礎に立った社会に生きていることを自覚していた。彼としては、社会制度と政治制度を支えた諸価値の再評価が既に開始されていること——当時それを認識していた人は殆んどなかったが——を十分に知っていた。マックス・ヴェーバーはドイツ・ブルジョワ自由主義のイデオロギー的雰囲気の中で成長した。彼の父はベルリン国民自由党の指導者サークル内で重要な役割を演じた国民自由党の政治家であった。立憲政治とか、そうした諸理念よりも、ドイツ帝国の偉大さがこのサークルの一般的な政治的価値であった。世俗化したプロテスタンティズムと、ピューリタン的ともいえる厳格な道徳性も、やはりヴェーバーの知的訓育においては重要な要素であった。しかしその反面、ヴェーバーの知的成長は、自律的人格を強調するドイツ理想主義の伝統によっても強く影響されたのである。

彼の政治的見解は、特に国民主義的であり、且つビスマルクの政治的天才を絶讃していたドイツ国民自由主義の諸理念と大部分が一致していた。ドイツ自由主義は、決して西欧流の自然的人権理論から実質的な影響を受けなかったのであり、むしろ、個人の自律性は社会においても政治においても等しく保護されなければならないとする考え方、またその故にこそ、教養ある階級は、法律規則が必然的に自分たちの社会的、経済的活動に干渉せざるを得ないから、立法問題に発言権をもつべきであるという考え方に支配されていた。国家の不当な干渉からの個人の自由ということの方が、現実の政策決定過程に個人が参与する当然の権利をもつということよりもずっと関心が強かったのである。その故にドイツ自由主義は立憲的ルールと地方自治の要求を越えた政治的諸要求を追求することを決してしなかった。

ドイツ自由主義の個人主義的伝統はマックス・ヴェーバーに強く影響した。個人の自由な創意の原理は彼にとって自由主義的信条の中核をなすものであった。彼の個人主義的諸見解は、社会的、政治的領域だけでなく、知的生活における創造的個人の役割を強調するニーチェ哲学の影響によって形成され、強化された。社会的秩序はすべて、自己の自由な創意に基づいて行為しようとする個々人に対し、最大可能な機会を与えるように設定されなければならないことをヴェーバーは常に強調した。状況がそのことをもはや許さないであろう場合にだけ、彼は国家による干渉を弁護したのである。ヴェーバーによると、このことは力の均衡が労働者階級にとって決定的に不利に転じた産業関係の領域に特に妥当するところであった。国家は、均衡を回復し、労働者が対等の立場で労働条件について企業家と戦うことが可能になるように介入し、適正な立法措置を講じるべきであると彼は主張した。

しかしこれは、今日なら独占資本主義とよばれ、巨大な官僚制がますます支配的となりつつある時代における伝統的自由主義の諸困難の一つの徴表である。ヴェーバーは、ドイツの中産階級が、崩壊しようとしている貴族階級から、支配的な政治的階級としての役割を引き継ぐことは不可能となっていること、従って、歴史が彼らに課していると思われる使命の達成に耐え得なくなっていることを深く憂いながら注視した。

このことは一部分、客観的な諸要因によるものであった。産業化の進展の結果として、ブルジョワ諸階級はいたるところで社会的にも政治的にも崩壊しようとしていた。所得構造の格差の急速な拡大は、十九世紀初期にみられた中産階級の相対的同質性を破壊しようとしており、そのことがまた彼らのブルジョワ的エトスを根底から掘り崩したのである。ドイツの場合、この点で事態は特に悪化していた。ドイツ自由主義は、最も基本的な政治問題についてすら、もはや協調不可能な無数の対立拮抗する諸集団に分裂していた。自由主義は一九〇〇年頃には政治的にいつまで続くか分らないような挫折感に陥っており、自由主義者たちは政治的エネルギーを喪失し、政治的対立者たちの抵抗を克服するに足る機会すら失っていた。労働運動の圧力の下で、彼らはただ自らの地位を維持できればそれで満足していたのである。

一八九五年のフライブルク大学での有名な「教授就任講演」によって確証されるようにヴェーバーはこの点を格別強く意識していた。彼は自身を個人的にドイツ・ブルジョア自由主義の運命と殆んど一体視し、明白に「ブルジョワ階級の一員」(3)と自称した。また彼は、ドイツ帝国建設のためにビスマルクを援けた偉大な世代と比べると、エピゴーネンに過ぎなかった当時の自由主義者たちと同じような確信を抱いていた。

彼は、ドイツ自由主義がドイツの社会において政治的に主導的な地位に立っていないことを深く憂慮した。ドイツ自由主義は既に果たすべき歴史的課題に答えるに足る能力を欠如していると考えたからである。それだけでなく、日を逐って強力になる官僚制と産業との結合形態を特徴とする産業社会では、伝統的な自由主義のイデオロギーは説得力の大半を喪失したことも認識していた。また、社会を自然なラインに沿って発展させるには国家権力を可能な限り制約すべきであるといった古びた自由主義思想は、権力政治と帝国主義時代にあっては全く不適切のようにヴェーバーには思われた。こうして彼は正反対の立場をとり、思いきった帝国主義的拡大政策を熱情的に弁明した(4)。帝国主義の新しい課題は、同時的に国内では、自由化と近代化の旗の下に国民一般を大同団結させることである。一八九〇年代後半の彼は、ブルジョワ的な社会的、経済的制度は、商品販路と海外領土獲得の安全弁を欠いて長期的に存続することは不可能であろう――特に、永続的な経済成長を図るとなると、明らかに後者、即ち海外領土の獲得に依存する――という見解に固執した(5)。

自由主義の諸原則を発展しつつある産業社会の諸条件に対してどのように適合させるかはヴェーバーにとって最大の重要問題であり、個人的な問題であるだけでなく政治的な問題でもあった。彼は次第に、社会における唯一の創造的な要因は個人人格の自由な創造力であるという彼の確信からみれば、このような状態がいかにシリアスなものであるかをいよいよ鋭敏に知覚するようになった。世紀の変り目頃の彼は、未来をとかく暗く見る傾向があった。資本主義的拡大のダイナミックな過程は早晩停止するであろうと怖れたが、それは、もはや現在以上に経済的拡大の機会を提供してくれる処女地がなくなるだろうということ、技術もまた今後同じ比率で進歩する見込みを期待されそうになかったからであった。既に彼の時代では――ヴェーバーの悲観的な観測によると――種々の点で後期ローマ帝国の諸状況に類似した官僚制的性格を有する停滞的社会を招来することを不可避的に助勢するようないくつかの要素が形成されつつあった。「あらゆる利用可能な知識によれば社会の官僚制化は、古代文明におけると同様に、現代文明にあってもまた、生産の無政府状態は、後期ローマ帝国やエジプトの新王国とか、プトレマイオス王朝支配下においてすら典型的に見られるのと類似する経済的、社会的体制によってやがて取って代られることだろう(6)」。

ヴェーバーは機会あるごとに、資本主義が、近代民主主義や自由主義の諸理念と共通するものをもっているかのごとくに想定するのは全く間違いであると指摘した。資本主義的産業主義の成長は、社会生活のあらゆるレヴェルにおいて一層巨大化し、強力化する官僚制の成長と結合しているのである。そうして、この過程は、必然的に純粋な目的合理的関係が、いたるところで社会的行為を支配すると思われる完全に「目的志向的社会類型」を生み出さずには措かないであろうと彼は考えた。ヴェーバーは、自分の感じている怖れを、われわれが時としてユダヤ予言者たちを想起させられるような強いことばで表現した。かつては、世界史の最も有効な二つの革命的な力であった合理化と知性化は、個人の創造性と個人的諸価値が再び顕著な社会的役割を果たすことを不可能にすることだろうと考えた。崇高な諸価値は、せいぜいのところ完全な私的世界においてのみ生存を許されるにとどまり、他方において社会体制は、純粋に目的合理的《インストルーメンタル》(Zweckrational)な社会関係と、相互作用関係によって完全に支配されることになるであろう。

ヴェーバーは、資本主義が形成した諸条件の下では、自由主義型自由社会存続の可能性を疑った。

当時の一般的な信念とは異なって、彼は資本主義の発展が権威主義的社会の自由化に転化するであろうことと、資本主義が自由や民主主義と何らの共通点をもつものでないこと（ただし、これはツァーリ支配のロシアについて言及されたものではあるが）を主張した。こうして当時の緊要な問題とは、「その〔資本主義の〕支配下では、すべてこうしたもの〔人間の権利、個人的自由、出版の自由など〕が如何にして永続的に可能となるであろうか(7)」ということであった。今日の資本主義の急速な拡大が停止して、資本主義的競争のダイナミズムが経済統制の官僚的テクニックによって破れ去ることにでもなれば、自由主義的、民主主義的諸原則に適応して組織された社会は崩壊するほかないであろう。「アメリカの慈恵的封建制度、ドイツのいわゆる福祉制度、ロシアの工場制度と、いたるところに奴隷の家は既に目捷に迫っているのである。われわれは、全世界に亘る自由な地域と市場が枯渇することと結び付いて、利潤に対する地代の勝利と技術的、経済的進歩の減速が、結局は大衆にそのような状況を受け入れさせ、彼らをその方向に押し流してしまう時まで、われわれは待っていなければならないであろう(8)」。こうした暗い予測は、確かに個人主義的西欧社会が、資本主義と官僚制機構の急速な成長によって露呈されたさまざまな危険――それらが短期的なものであるにしても――を誇張していることは疑えない。しかし、そのような予測は、いかにヴェーバーがこれらの傾向と戦い、当時の自由な社会的秩序を防衛するために全力を傾けてあらゆることを実行する必要のあることを痛感していたかを明証するものである。

この結論は、現代社会学の祖の一人としてのヴェーバーの世界的名声を不動にした業績の一つである『プロテスタントの倫理と資本主義の精神』の分析によって確認されるところである。ヴェーバーがこのテーマに関心をもつようになったのは、いくらか偶然的であったが、彼の関心は、自由主義的といえば多少語弊があるかもしれないが、彼のブルジョワ的信念とかなりに関連していた。一九〇〇年頃には、資本主義の成長と宗教的信仰とは相関性があるに相違ないという考え方が相当一般化しており、プロテスタントが産業革命初期の局面においてかなりの役割を演じたというテーゼをもつ人々が多かった。そうして、個々の顕著な歴史的展開を宗教的信仰や、特殊なイデオロギーにまで遡って追跡するアプローチは、当時のドイツ史学の支配的方法にも合致していた。イェリネックは、こうした見方がもともとレヴェラーズによって打ち出されたものであることを主張した『人権の起源』に関する研究をまとめ上げたところであった。ヴェーバーは、特殊な「ブルジョワ的徳目」——節倹、生活と労働の合理的な処し方、個人的生活と事業における廉直、刻苦勉励の意欲など——がピューリタン的起源を有することを信じていたようであり、従ってゾムバルトの近代資本主義の起源に関する理論には全く不満であった。ゾムバルトと異なって彼は、近代資本主義の興隆が特殊なブルジョワ的諸価値に少なからず依拠していたことを信じていた。それを立証しようとする彼の試みは、同時に貴族制的諸価値とは異なった世界史におけるブルジョワ的諸価値の意義をもう一度説明しようとする試図でもあったのである。

資本主義の起源に関するヴェーバーの著名な論文の詳細な評価に立ち入ることは当面の文脈として不可能である。それは今日に至るまで継続している激しい論議の題目である。わたしはヴェーバーの思想的文脈における議論の中心が何であったかを指摘するにとどめたい。極度に緊張した「世俗外的価値志向的態度」(ausserweltliche Werthaltungen)が、ピューリタンをして彼らの営利活動だけでなく生活をまで完全に合理的基礎の上に組織させ、さらにそのようにすることを通して近代産業資本主義の成長に必要な前提条件である社会的行為の型を形成させたものとヴェーバーは主張した。利潤追及欲ではなくて、独自な「世俗外的諸規範」により行動せんとするピューリタンの終りなき戦いは、彼らの貯蓄だけでなく、そのエネルギーのすべてを経済的財貨の生産に集中させた。彼らは周囲の環境の伝統的慣習や、経済的行為の諸形態をいささかも顧慮することなしに行動した。世界史的な拡がりをもつ過程が開始され、自らを維持することのできたのはこの故であった。

すべてこうした経過の基底には、いかにして広汎に及ぶ社会的変化が歴史の中に立ち現われるのであろうかという特殊な問題が伏在している。ヴェーバーは、社会的変化を生み出すのは個人、あるいは個人の小集団の「価値志向的」行為であり、そのような行為が拡大すればするほど、当該諸価値、諸理念、または規範的諸原理は、社会的現実とその時点で与えられている伝統的社会的行為の諸形態に対するズレが際立ってくるものであると論じた。即ち、偉大な社会的諸成果は、一方における所与の究極的諸価値と、他方における経験的現実とのおそるべき緊張のただ中から生み出されるのである。偉大な世俗内的諸結果が生起してくるのは、日々の現実を超絶的に把握することによってのみのことなのである。

世界諸宗教の社会学に関するヴェーバーの研究は、もともと『プロテスタントの倫理』研究によって発見したものを消極的に（ex negativo）確認するために着手されたのであった。その結果、ピューリタンの宗教的態度と同じものを他のどこにも発見することができなかった。これらの他の信仰は、「世俗外的禁欲」、即ち、社会的無活動を意味した世俗からの完全な隠遁を唱道するか、それとも現存する社会的秩序に対する抗争、従って変革にまで行きつくような何らかの社会的行為の路線を志向する規範的要請を掲げるよりは、むしろ既存の社会的秩序に対する適応の原則を宣べ伝えるかの何れかであった。ヴェーバーは、ピューリタンのドグマ、つまり予言者のカリスマと類似する影響力を信者たちに行使できたといえるのはユダヤ教においてのみであることを発見した。

ヴェーバーは、ユダヤ人に対する予言者の峻厳な要求が、多くの場合、ピューリタンに類似する一種の行為の合理化に影響を与えたことを注視した。予言者も同様に、信徒の個人的生活を、最大効率の実現を意図する合理的行為の鉄則に準拠するように指導したと思われる。この発見は、その後のヴェーバーの学問的研究の進展に極めて大きい影響を与えた。カリスマ的リーダーシップは、信徒集団がカリスマ的指導者の抱く諸価値を自らのものとして同一化し、社会的現実を再構成するために全力を傾けてすべてを実行するとき、まさしくピューリタニズムと同じ社会的行為の型に従っているのである。してみればカリスマの概念は、個々人が、日常的な理由ではなくて「世俗外的」な理由のために、到底、自分の手に負えない何ものかに取り組むことによって、事態のコースが新しい方向を与えられること、あるいは、別の言葉でいえば、社会的秩序が革命化されるほどの巨大なエネルギーを社会的現実に与える個々人の価値志向的行為であるというのがヴェーバーの基本的な主張の一般的な解釈であると考えられなければならない。カリスマは歴史における唯一の創造的、革命的な力として現われ、ある意味では、個性的な人格が、ますます強力となる官僚制の時代において、事態のコースに際立った影響を行使することの可能なただ一つの形態である。

カリスマ的指導者研究は、結局、ヴェーバーの直面した諸問題に部分的であっても一つの解決への手掛かりを与えるように思われる。しかしこのことは一面においてであるに過ぎない。ルーティン化の不可抗的な進行からみれば、創造力とかカリスマとかいっても、所詮は合理化と官僚制化は免れ難い運命にあるとヴェーバーは考えている。第二に、二〇世紀の初めから二〇年ほどの間に極めて強かった反合理主義的運動と合体することによって、彼自身の分析の峻厳な諸結論からの安易な逃避にもなりかねなかった傾向に対して彼は強く反対していた。彼としてはステファン・ゲオルゲとその人格崇拝や、シュペングラーのゲルマン神話とは何らの共通点ももっていなかったのであろう。

ヴェーバーの不徹底な、そうしていくらか曖昧な立場は、特に資本主義そのものに対する態度に現われている。彼によれば、資本主義は、彼が自由主義的ブルジョワ倫理と同視した個人主義的な社会的行為の生み出した子であったが、他方では、資本主義は、官僚制と、純目的合理的な、あるいは彼の言葉によると、社会的相互関係の「目的志向的《ゴール・オリエンテッド》」な諸形態の成長を、個人の創造的な一切の社会的活動を永久に犠牲にして育てあげた決定的な社会的な力であった。ヴェーバーの不決断は、彼の思想に深甚な影響を与えたカール・マルクスとフリートリヒ・ニーニェの社会哲学に対する態度に反映している。ヴェーバーに及ぼしたニーチェの影響はこれまで適切な考察が加えられなかった。しかしヴェーバーはニーチェの貴族主義的哲学に深い影響を受けており、究極的諸価値の問題に関する彼の立場はニーチェを考慮に入れずして正しい理解を得ることはできないのである。[9] ヴェーバーは晩年、彼の学生の一人に語ったといわれる。「今日の学者が、いやむしろ哲学者がどれだけ正直であるかということは、自らとニーチェ、マルクスとの関係をどのように考えているかによって判断できる。この二人の仕事がなかったなら、自己の仕事の最も重要な部分を成就することはできなかったであろうということを否定する者は完全に自分を裏切っているのだ。われわれが知的な人間として生きている世界は、マルクスとニーチェの刻印を深く残しているのだ[10]」。

われわれの文脈で重要なことは、ニーチェとマルクスが、ともに、資本主義のつくり出した社会を、即ちこの二人にとって全く非人間的であると考えられた社会を、正面から激しく攻撃したことである。マルクスは資本主義社会を、やがては事態を正常な姿に回復する共産主義社会に取って代られる一つの過渡的な社会的構成体と考えた。ニーチェはマルクスのこうした楽観的な考え方に同意しなかった。彼は発展しつつある産業的秩序を、大衆の上に立った優越的地位を保持する少数の大物によって形成され、また支持される勝ち誇った文化の墓掘人として激しく論難した。ニーチェは、これら一切のものの究極的な原因が、キリスト教の「悲惨強調倫理」にあることを主張しながら、他方では、多少の救いを感じるかのように、すべての価値の再評価を告知する。即ち、事態のコースは、やがて人類が言葉の十全な意味において再生できるような完全に貴族主義的性格の新社会秩序出現の道が拓かれることであろうと。

マックス・ヴェーバーは、全く対立するこうした二つの社会哲学を十分に考察しながら、自らの位置付けを行ない、遂にこの二つの哲学に対して一種の弁証法的立場とでもいうべき境位に到達した。既に指摘したように、彼は、歴史の発展に関するマルクス主義理論をきっぱり拒け、それが科学的原理に基礎をもつものと主張する限り、全くのナンセンスであると考えた。(11) しかし同時に、彼自身それほど熱心ではなかったようであるが、マルクス主義を社会哲学の重要な一つの作業仮説として認めた。資本主義の起源についての彼の研究は、少なくとも資本主義出現の初期段階では、理念的要因、特に宗教的信念――最も重要な役割ではないにしても――が決定的であったことを示唆するように思われる。従って彼はマルクスの上部構造（Überbau）の理論を拒否した。彼のすべての社会学的業績によって確認されるように、特殊な文化的諸伝統に帰因する社会的な諸期待のみでなく、さまざまの価値態度は物質的利害関係と同じほど重要であると確信していた。ヴェーバーは、資本主義の諸矛盾が生産手段の私的所有を廃絶するプロレタリア革命によって除去されるとするマルクスの確信には賛同しなかった。社会主義が人類の直面する緊急課題に解決を与えるものとは考えなかった。事態の人間的秩序を危機にさらすのは資本主義と財の分配という資本主義のパターンではなくて、官僚制の成長であると彼は確信していた。この点でわたしは、その後の歴史がヴェーバーの見解を支持したものと考えるのである。してみれば、生産手段の国有化は、事態をいささかなりと変えはしなかった。労働者階級が「疎外」状態から解放されるのではなくて、官僚制が彼らの状態をより一層劣悪化するのである。なぜなら、すべて社会主義的政策は、ヴェーバーによれば、官僚制化を必然的に促進し、社会を硬直化する傾向を強めるに相違ないからであった。(12)

しかし、ヴェーバーが真剣に考察しようとした社会主義の一つのタイプがあった。それは無政府主義に近いロシアのエミグレたちのユートピア社会主義である。第一次世界大戦前と大戦中、彼はハイデルベルクで彼らと親しく交際した。実現の可能性を全然顧慮しない純粋なモラリストの信念――心情倫理的 (gesinnungsethische) 立場――として、彼らの社会主義理念を理解し、深い関心をすら寄せたが、正統的マルクス主義の擬似科学的解釈の社会主義には厚意を持たなかった。

ニーチェの評価となるともっとはっきりしているようである。ニーチェの個人主義的ニヒリズムのヴェーバー思想に与えた衝撃は極めて強力であったことは疑えないところである。ヴェーバーの個人主義的確信の一つであった知的誠実 (Intellectuelle Redlichkeit) はニーチェから来ている。ニーチェの根本的主張は、必ずしも異論のないわけではないが、(13) ヴェーバーの世界宗教の社会学に繰り返して現われる。人はすべて、自らの諸価値を選びとり、自らの生の過程においてそれらを立証してゆかなければならないとするヴェーバーの主張はニーチェ哲学から深甚な影響を受けている。しかし、より重要なのは、西欧文明が没落するであろうということと、大衆運動はすべてが危険な平準化の帰結を随伴するであろうというニーチェの予断に強い印象を受けたことに注意することである。ヴェーバーは確かに、こうしたことのすべてをニーチェから得たのでないにしても、歴史の本質を完成するものは偉大な個性であるというニーチェの予言に影響されたことを疑えない。しかも彼はニーチェと共に歩むことを終始拒んでいる。彼はニーチェの貴族主義的大衆蔑視に対して強く反対していた。ヴェーバーの見解では、偉大な人格というのは大衆と共に歩む限りにおいて偉大なのであって、大衆と逆行してではないのである。また彼は当時における俗流ニーチェ主義とも無縁であったに相違ないと思われる。

　ヴェーバーがニーチェの知的貴族主義を自らの自由主義的確信とある意味で妥協させたことは事実である。表現を変えれば、彼はレヴェラーズの理説をできるだけニーチェの予言と調和させようとした。同時に、官僚制化と合理化の性格に関してはマルクスの見解と自分のそれとをニーチェの予測——地上「最後の人々」は、もはや高いレヴェルの人間的利益を実現することなど到底不可能な、自己の顔をもたない大衆によって征服されるほかないといった予測——に結び付けた。ヴェーバーはその晩年における『世界諸宗教の経済倫理』（Wirtschaftsethik der Weltreligionen）の序論の有名な言葉で、マルクスを否定するのでなく、マルクスから分岐したものとして自らを位置づけしようとしている。「人間の行為を直接的に支配するのは利害関心（物質的と観念的な）であって理念ではない。しかし、理念によってつくり出された世界像（Weltbilder）は極めてしばしば転轍手として軌道を決定し、そうしてその軌道の上を利害のダイナミックスが人間の行為を推し進めてきたのである』[14]。観念的利害関心とは、ヴェーバーによれば、決して単なるイデオロギーではなくて、本来が一つの社会的な力であるとみており、この観念的利害関心こそ、創造的な個人行為が歴史の過程において自らを自覚する道であると考えた。しかし彼はナイーヴな理想主義的立場に立つことを注意深く避けようとした。却って彼は、多くの人々が自らの社会的行為や社会的活動において、多様な利害関心——主として物質的考慮によって決定されるが——により導かれるものであることを明確にした。しかも同時に、理念が人々の知的なものの見方と社会的な諸期待に影響を与えることによって、間接的であるにしても事態のコースを変化させることすら可能であると信じた。ヴェーバーが、一般の人々に目標を指し示すことは偉大な個性の義務であるとするニーチェの主張に賛同したのはこの点においてであった。それと共にヴェーバーは、社会過程が一般に「物質的利害関心のダイナミズム」によって導かれ、推進されるものであるというマルクスの見解をも是認した。ただし、私的所有制度が、最大限の形式合理性と効率をかなりの程度達成できるものと主張したが、生産手段の所有形態そのものが決定的意義をもつというふうには考えなかった。彼によると、近代産業資本主義の最も著しい特徴は、生産手段が労働者の手から剝奪されている点にあるのではなくて——こうした要素なら過去の諸文明にも共通していた——、生産、利潤、財貨の供給を極限にまで拡大すると同時に、より一層自由競争市場を拡張してゆくために、特に経済的分野、だが必然的に政治的分野における社会的諸組織の官僚制的諸構造が不断に前進してゆく点にあった。近代資本主義は事実として多様な態様で官僚制化と合理化に結び付き、また資本主義的過程のダイナミズムは巨大化する官僚制的諸構造の確実な成長を必然的に実現した。ヴェーバーの個人主義的哲学からみれば、彼が特に重視し、関心を寄せたのはこの後者の要因であった。

こうして、一方では社会的変化、即ち「世俗外的」(時には極めてしばしば宗教的な)信念を生み出し、他方では合理化、ルーティン化、官僚制化を生み出す二組の力が『経済と社会』の中に姿を現わすのも敢えて異とするに足りず、歴史における人間の役割に合致しているのである。後者の力は物質的利害関心に促されて匿名的に作動するが、前者の力はこれらの信念と完全に一体化して、自己の生活を、自らの確信する基本的諸価値に則して、最も効率的に合理化しようと欲する人々によってのみ充足されるのである。こうしたことは、少なくとも現代社会にあっては、カリスマ的リーダーシップによってのみつくり出されるであろうという考え方にヴェーバーは接近して行った。こうしてカリスマ概念――ヴェーバーは、本来この概念を古代文明の諸形態に専ら妥当するものと考えた――は、彼の政治思想だけでなく、社会学の基礎概念として現われ、官僚制に関する唯一の生存能力ある一部分となった。

ヴェーバーが価値中立性を確信していたことと、主著『経済と社会』で一切の価値判断を排除しようと苦心したこととの故に、人々の反対を受けそうなのはこの点である。価値判断排除がヴェーバーの仕事の基礎的諸原則の一つであったことには疑いの余地はない。また事実として、多くの実証主義的社会科学者が、マックス・ヴェーバーを自らの父祖の一人と称んだのは、いわゆる価値判断から自由であること、自由であらねばならぬことを主張する一種の社会的行為の理論を発展させようとした彼の努力の故であった。わたしはヴェーバーがこのことに果して成功したかどうかという問題をここで論じるつもりはない。しかし、ヴェーバーの「価値判断からの自由」の概念と、現代の実証的社会科学の立場とには重要な差異のあることを一言しておきたいのである。後者は、伝統的な用語では価値と称してよいものを、さまざまな社会過程を予見するためのみでなく、説明するために使用できるような一般理論を構成するためにすっかり取り除いてしまおうと試みる。確かにヴェーバーもまたこのような方向に踏み込みはしたが、そのことが社会科学の究極目的であるとは決して考えなかった。むしろ彼は、実質的にそれとは別のことを志向していた。即ち、彼が一切の価値判断を排除しようと苦心したのは、価値判断そのものを完全に拒けるためではなくて、個人と個人の集団が、所与の社会的文脈と特殊なシチュエーションに立って価値判断をより一層強力に、また効果的に作動させることを可能にせんがためであった。

このことは、「価値判断からの自由」(Werturteilsfreiheit) についてのヴェーバー自身の確信の歴史によって明白に立証されるところである。既に一八九五年にフライブルク大学における彼の有名な「教授就任講演」で、科学は決して何らかの価値の有効性を確定したり、立証したりすることのできるものではない旨を強調したが、それは彼が、国民性の観念と、一切の適切な手段による国民国家の維持ということが、東プロイセン諸地域の経済的、政治的諸条件に徴するとき、既に十分確立されたものと一般に考えられている最大生産力の原則よりも優先的価値を有するものであることを疑問の余地なく明証しようと考えて試みたのであった。シメイはこれと全く同一な性質の動機が、一九一三年の社会政策学会 (Verein für sozialpolitik) における有名な価値中立性論争にヴェーバーを駆り出したと述べている。(15) ヴェーバーと弟のアルフレートは、数年に亘ってシュモラーの保守主義的路線に挑戦し、多くの政治問題——たとえば、社会政策に対する重工業企業の態度とか、議会に対する官僚政治等の諸問題——を提起したが、それらはすべて、疑いもなく価値判断を含んでいた。ところが突如としてヴェーバーは論敵に対し、学問上の仕事には一切の価値判断を排除すべきことを要求した。このことは社会政策学会のメンバーには多少とも奇異に感じられたことであろう。ヴェーバーが真実求めていたのは、社会学と、シュモラーを始めとする彼の学派によって代表される保守政治との混同に結着をつけることであった。というのは、そのような科学が、結果的にドイツに現存する半官僚制的形態の政府を利することになるからであった。価値判断と、実証的研究によって発見される結果とを明確に区別しないために、双方ともに被害を蒙ることになるのは必然であるとヴェーバーは論じたが、そうした混同が、社会改良の本質であって、同時に一切の政治の本質をなす諸価値の多様なセットを明確に選択することを殆んど不可能ならしめるであろうというのであった。

社会科学は科学的な扮装を施した価値判断を呈示するものではなく、さまざまな価値の選択が、現代社会における異論の多い諸問題の背後に伏在していることを明らかにし、多くの人々が自己の価値的立場から正しい選択を行なうこと——社会問題の擬似客観的解決方法を権威主義的に指示するのではなく——ができるようにしなければならないのである。世人に対して、彼らの抱く価値や価値選好を自覚させ、特殊な具体的状況において生じる諸価値の不可避的抗争に直面させることが、ヴェーバーによれば、あらゆる社会科学の最も高貴な、且つ最も本質的な課題であった。科学は、究極的に、人々が自己の為すべきことを合理的に決定できるように援助するのでなければならず、またこのことは、当然に一切の予測可能な諸結果を計算に入れることを意味した。付随的ではあるが、このような厳格な理論は特殊な形式倫理を含んでいた。それは人間的個性の前合理的領域において、価値的諸問題について決定できるのは個人だけであり、斯くすることによって個人は自己の運命を選択するものであるという想定に立脚していたのである。

ヴェーバーの社会学的業績の究極的意図はこうした課題に答えるにあった。それは、何らかの決断を要求している特定の位置に立たされた人々が、多様な価値のセットのうちの一つを合理的に選択できるようにすべきものであった。さらにそれは、社会的行為の因果的解釈を与えるだけでなく、また単なる感情的な反応とか、当て推量とかに属することがらでもなくて、予測可能な諸結果の観点からなされる、合理的考察に属する異なった諸価値のセットを選択させるように努めることが、責任ある一つの作業として期待されたのであった。

ヴェーバーが社会科学における厳密な個人主義的方法論に固執したのはそのためであった。彼はあらゆる種類の社会集団、階級、カースト、政党などに関する社会学で常に語ったところであるが、集産主義的諸原則に立った社会学には強く反対した。「個人は、より大きな社会単位の角度から観察できるにしても、意味をもった行動の唯一の実体である」(16)。一九二〇年三月、彼の死の二、三ケ月前のことであるが、リーフマンに宛てて、マックス・ヴェーバーはこう書いている。「社会学はその出発点を個人、あるいは個々人――少数、多数を問わず――の行為に、または異なった表現でいえば、厳密な個人主義的方法に求めることによってのみ可能となるのです」[17]。

しかしヴェーバー自身は、彼の方法論的見解と個人主義的信念との間に形式的な関連性のあることを発見しようとする議論の機先を制しようとしていることも認めざるを得ないであろう。「個人主義的」方法は、どのような意味での個人主義的価値体系でもすべて包含してしまわなければならないといった考え方は途方もない誤解である」[18]。確かにその通りであろう。しかしそれにしても、ヴェーバーが社会科学に課した究極的目標——即ち、個々人が自らの諸価値に則して合理的な生活を営むことのできるように助力すること——からみるならば、こうした立場をとるほかなかったことも当然であったろうと思われる。なぜなら、そのことが可能であるには、個人や集団の価値志向的諸動機を考慮に入れて、それぞれの抱いている目的と価値の観点から自己の行為を評定するように努めなければならぬからである。ヴェーバーが理解(Verstehen)の方法を捨てることのできなかったのはその故であった。というのは、斯くしてのみ、現実の社会過程と特定個人や集団の価値的諸前提の関係を確定できるからであり、またそのことが価値的諸前提の間に生じる不可避な対立だけでなく、諸価値のより高度な理解を可能にするからであった。

ヴェーバー自身の理解では、異なる諸価値のセットの対立について可能な限り十分に知っているということは人格としての人間にとって不可欠なことがらであった。彼はそれを次のように述べている。「人格の本質は自らの行為を決定し、全生活領域において自らの社会的行為を合理化する力をもつ特殊な究極的諸価値と生の意義との内的関係が一貫しているところにある」[19]からであった。

ヴェーバー思想の両極はこうして再び合流するのである。彼の学問上の仕事は、本来、人間が非合理的な信仰、神話、予言に没入することなしに、現代世界で生きることのできるように企図されたのであった。他方、彼は、あらゆる個人主義的、価値志向的行為の形態が普遍的に後退しつつある現実も承認せざるを得なかった。事実としてヴェーバーは、「価値志向的」行為――ピューリタンの世俗内的禁欲はその最も著しい事例であるが――と、「目的志向的」な合理的行為の諸形態を併立させた彼本来の立場を漸次放棄して行った。彼はますます、現代官僚制社会の諸条件の下では、カリスマが、ルーティン化と純目的合理的な社会制度の進展を抑制し得る唯一の力であると考えるようになった。こうして遂に彼は、カリスマ概念の中に、個人の創意から発現すると考えられるすべての社会的活動を包含するに至った。カリスマは、こうして歴史における唯一の創造的な力として描かれることになった。この力は、合理化とルーティン化の諸力とは異なり、内部から外に向って人間を革命化し、しかもそうすることによって、合理化された世界の領域を突き破り、事態のコースに新しい方向を告げ知らせることを可能にするような巨大な社会的エネルギーを動員することのできる力であった。ヴェーバーの個人主義的見地からいえば、歴史とは、結局のところ彼がしばしば「規律化と個人的カリスマの多彩な抗争」[20]と称んだものとほぼ同一であったのである。

「規則づくめの人間」(Ordnungsmenschen) と「文化的人間」(Kulturmenschen) の二つの人間

類型の永遠の闘争ともいえるこの永遠の抗争関係の結末について、ヴェーバーは極めて悲観的であった。「あらゆる社会的必要だけでなく、あらゆる政治的必要をも満足させる手段の合理化が完成した暁には、普遍的現象としての規律化が人間生活の全分野に不可避的に進行することであろう。そうなると個人的志向性をもった社会的行為の諸形態の一切がますます意義を薄めてゆくだろう」[21]。だがヴェーバーは、ただ事態の推移に身を委ねようとはしなかった。彼は、一種の英雄的ペシミズムと適切にも言われたような態度で、当時のいわゆる「開かれた社会」を「開かれた」姿のままに維持しようと意図された、極めてテディカルなさまざまな一連の措置を、なんらかの可能性がみられる限り訴え続けた。マックス・ヴェーバーが絶望的自由主義者としての形姿を現わすのはこの点においてである。差し当って予言者はどこをみても存在せず、しかも予言者たちの出現を待ち焦れているだけで何一つなされなかった[22]。むしろ社会を可能な限りダイナミックに維持するために、ひとはありとあらゆることを為すべきであった。

この理由によって、永久平和と軟弱な妥協よりも、異なった諸価値の闘争と同じように、国民国家間の永遠の闘争――おそらくは一つの普遍的権力国家の支配によって世界に強制されることすらありうる――が存在すべきであった。この点で後期ローマ帝国の実例は全く頼りにならないものであった。国内政治においてもまた、最大可能なダイナミズムが存在すべきであり、従って、諸種の集団と階級間の開かれた抗争、対立関係――議会制民主主義の法的枠組が、物理的な実力行使を極力抑制せざるを得ないにしても――が存在しなければならなかったのである。

しかしながら、何よりも、有能で、構想力ゆたかで、ダイナミックなリーダーシップは絶対に存在すべきである。ヴェーバーが、人間の人間に対する支配の極小化原則に固執する「指導者なき民主主義」(führerlose Demokratien)の諸形態に対して、「人民投票的指導者民主主義」を主張するに至ったのはそのためであった。[23] 社会学的観点からヴェーバーは、人民投票的民主主義――「指導者民主主義」(Führerdemokratie)の「最も重要なタイプ」――の正当性を、形式的には被治者の同意から抽き出すが、事実は、国民投票的指導者に対する被治者の情動的献身から抽き出すカリスマ的支配の一つの特殊なものと規定した。[24] この統治形態では、人民投票的指導者は、行政機構だけでなく政党組織――党機関――も等しく絶対的な支配下に置く権限をもつのである。さらに指導者たちは、権力の座にある限り、服従者たちの信じるところのいかんを問わず、無条件的随順を要求することができるのである。むろんヴェーバーは、こうした情動的支配に内在する危険を知っていたが、その不利益は、それによって最大の効率と最大限の政治的ダイナミズムを同時に確保できる利点によりカバーされるだろうと考えた。換言すれば、政治と社会における流動性を最大限に保障し、政治的レベルにおいて、個人の創造性を発揚させる機会を極大化するためには、責任あるカリスマ的指導者による能う限りの強力な支配と、同時に、対抗指導者が、指導者の為すところを効果的にコントロールすることが必要であるというにあった。

こうした立場でマックス・ヴェーバーは、伝統的自由主義の政綱を、特に伝統的自由民主主義の秩序観をまさに放棄せんばかりであった。[25] このことは特に彼が、有能な政治指導者選出のシステムに過ぎないものと限定した議会制民主主義の概念に適合するところである。しかし彼は、社会と政治の一般的動向からして、その他のいかなる選択の道も残されていないと考えたのであった。

マックス・ヴェーバーは果して真に「イデオロギーの終焉」の先駆者であったかどうかを重ねて問い直そう。パーソンズが一九六四年に考えていたような意味、即ち実証的な社会学は、早晩、あらゆる種類のイデオロギーによって支配された伝統的学問分科が達成できなかった社会的諸問題を解決する役割を継承しなければならなくなるであろうといった意味においてでは決してない。完膚なきまで官僚制的諸制度に支配されて硬直化した社会においては、イデオロギーはその重要性をすっかり剥奪されるであろう。しかしマックス・ヴェーバーは、かの有名な公開講演、『職業としての学問』で明らかにしているように、この種のことが近い将来に生起するとは予測しなかった。彼は「魔術からの世界の解放」が、必然的に続いてゆくだろうことを認めはしたが、それは究極的諸価値実現のための一切の戦いが終りを告げるという意味ではなくて、少なくとも近い将来においてのことではなかったのである。むしろ彼は、社会的抗争関係が今後いよいよ激化するであろうと考えた。ニーチェの言葉と非常に接近した表現で、人々に平安を与えるキリスト教の少なからぬ影響力により、相対的に静穏な時代を経た後に、「昔の多くの神々はその魔力を失っており、従って非人格的な単なる力となりながら墓から出てきて、われわれの生活を支配しようとして、再び相互に永遠の闘争を始めている(26)」。五〇年の過去を回顧すれば、この予測は、マックス・ヴェーバー自身が彼の生涯において想定していたよりも遥かに確定的なものとなっている。

註

第一章

（1）ギュンター・ロートとクラウス・ヴィティッヒ編による、ヴェーバーの主著『経済と社会』（以下 WuG と略す）の英語完訳版が利用可能になったのはようやく一九六八年いらいのことである。英訳がヴェーバー原文の意味を最もよく表現しているかどうかは議論があるにしても、これは大きな仕事である。Economy and Sociology, An Outline of Interpretawe Sociology, 3 vols., New York, 1968（以下 EaS と略す）。

（2）Talcott Parsons, The Structure of Social Action. Vol. 2, 2 ed., repr. New York, 1968. Reinhard Bendix, Max Weber, an Intellectual Portrait, 2 ed., 1962.

（3）Gesammelte Aufsätze zur Wissenschaftslehre, 3 ed., Tübingen（以下 WL と略）p. 154. Cf. The Methodology of the Social Sciences. Max Weder, trans, and ed. by Edward A. Shils and Henry A. Finch, New, York, 1949, p. 57（以下単に Shils とよぶ）.

（4）この点で、より詳細な説明として、Wolfgang J. Mommsen, 'Universalgeschichtliches und politisches Denken bei Max Weber', Historische Zeitschrift, Vol. 201, 1965, p. 557 ff., Dirk Käsler (ed.), Max Weber, Sein Werk und seine Wirkung, Müinchen, 1962（以下 Mommsen, Universalgeschichtliches Denken とよぶ）。この論文 'Max Weber's Political Sociology and his Philosoply of World History' の初稿は International Social Science Journal, Vol. 17, 1965 に所載。そのエクストラクトは Dennis Wrong (ed.), Makers of Modern Social Science : Max Weber, Englewood Cliffs, N. J., 1970 に収録。

（5） Cf. Ernst Troeltsch, Die Probleme des Historismus, Gesammelte Schriften, Vol. 3, 1928, p. 189.

（6） Emerich Francis, 'Kultur und Gesellschaft in der Soziologie Max Webers', in Max Weber. Gedächtnisschrift der Ludwig-Maximilians-Universität München zur 100. Wiederkehr seines Geburts-tages 1964, eds. Karl Engisch, Bernhard Phister and Johannes Winckelmann, Berlin, 1966, p. 90 ff. John Rex, 'Typology and Objectivity : a Comment on Max Weber's four Sociological Methods', in Arun Sahay (ed.), Max Weber and Modern Sociology, London, 1971, p. 18 ff.

（7） Carlo Antoni, From History to Sociology : The Transition in German Historical Thinking, Detroit, 1959. 讃井鉄男訳『歴史主義から社会学へ――近代ヨーロッパ思想の展開』未来社。

（8） W・G・ランシマンは、近著 A Critique of Max Weber's Philosophy of Social Science, Cambridge U. P., 1972, p. 12 で、ヴェーバーは、「歴史家は類型諸概念を樹立したり、一般的諸規則を形成したりしないが、社会学者はそれを試みようとするという理由によって、社会学――ヴェーバーが概して嫌った名称であるが――を歴史学から区別した」と述べている。これは誤解を招くおそれがある。というのは、両者の差異というも、実質的なものでなくて、力点の違いであるから。ヴェーバーは、歴史家は理念型的構成に取り組まざるを得ないということを指摘しており、彼のアプローチが社会学者のそれと異なるのは、ただ、そうした理念型概念を過去の歴史の「適切な因果継起」と関連させて理念型概念の文化意義を立証しようとする限りにおいてだけである。この点については、W. J. Mommsen, 'Max Weber', in : Deutsche Historiker, ed. Hans-Ulrich Wehler, Göttingen, 1972, Vol. Ⅲ, p. 71 ff.（ドイツ現代史研究会訳『ドイツの歴史家』第三巻、未来社）をみよ。そこでは、ヴェーバーの諸論文における歴史学的方法の役割が歴史家の観点から論じられている。

(9) S. Andrewski, 'Method and Substantive Theory in Max Weber', British Journal of Sociology, Vol. 15, 1964, p. 6.

(10) 決定論的思想家としてマックス・ヴェーバーを理解することは、ユルゲン・ハバーマスによっても主張されている。一九六四年のハイデルベルクにおける討論に寄せた彼の発表をみよ。Max Weber und die Soziologie heute, Verhandlungen des 15. Deutschen Soziologentages vom 28 bis 30 April 1964 in Heidelberg, ed. Stammer, Tübingen, 1965, p. 79 (以下 Stammer と略称)。「ヴェーバーの哲学的解答は、合理化された世界のただ中で、決断主義的自己主張を行うということであった」(Cf. the English ed. Max Weber and the Sociolgy Today, Oxford, 1971, p. 64)。O・シュタマー編、出口勇蔵監訳『ウェーバーと現代社会学』上、木鐸社、一二六頁。なお、Jürgen Habermas, 'Verwissenschaftliche Politik und öffentliche Meinung', in: Technik und Wissenschaft als 'Ideologie', Frankfurt, 1968, p. 121 f. 最近、こうした解釈は、著者の考えるところでは、限定的に成功しているとはいえようが、Wolfgang Schluchter, Wertfreiheit und Verantwortungsethik. Zum Verhältnis von Wissenschaft und Politik bei Max Weber, Tübingen, 1971. (住谷一彦・樋口辰雄訳『価値自由と責任倫理』未来社) によってチャレンジされた。しかしシュルヒターは、ヴェーバーがあらゆる科学的分析に優先する基本的価値態度の存在を想定する限り、「根本《ファンダ》主義者《メンタリスト》」であったことを認めている。

(11) WL, pp. 180, 213. Cf. Shils, pp. 81, 111.

(12) WL, p. 253 (Shils, p. 151).

(13) 一九〇四年六月一四日付、リッカート宛のヴェーバー書簡。Deutsches Zentralarchiv II, Merseburg, Rep. 92. この非常に重要な手紙の該当部分は次の通りである。「理念型の考えについて御賛同いただき、大変に喜んでいます。実際私は、評価的判断と価値関係的判断とを区別するには、同じようなカテゴリーが必要であると考えました。それを何と呼ぶかは大した問題ではありません。私がそれをそのように呼んだのは、イデアールな極限の場合とか、類型的な経過のイデアールな純粋型とか、イデアールな構成体などの慣用語と同じことであって、それによって存在しなければならないものを考えるのではないのです。さらにイェリネックが（『一般国家論』で）イデアール・テュープスとよんでいるのは、単に論理的な意味で完全であると考えられているのであって、模範としてではないのと同じであります。ともあれ、この概念はもっと明確にされなければなりません。私の書いたものの中には、まだ未解決な多くの問題があります。私は間もなくもう一度（秋には）、歴史的判断と発展概念のために客観的可能性のカテゴリーの意味を分析したいと思います」。

（14） WL, p. 202 (Shils, p. 101).

（15） WL, p. 175 (Shils, p. 76).

（16） WL. p. 180 (Shils, p. 81).

（17） op. 163 f. (Shils, p. 66).

（18） WL. p. 265.

（19） Gesammelte Aufsätze zur Religionssoziologie, Vol. 1, Tübingen, 1920. pp. 1 ff. (以下 RS とよぶ)。大塚久雄・生松敬三訳『宗教社会学論集選』みすず書房。

（20） WL. pp. 427 ff. この重要な論文の英訳は未刊。林道義訳『理解社会学のカテゴリー』岩波書店。

（21） WL, pp. 470 f.

（22） 『経済と社会』におけるこの三つの層は、叙述のスタイルにしても、執筆当時の実際的な意図についても性格を異にしている。それらの構成の日付はおおよそ次の通りである。

一九一一年―一三年に構成されたもの。

1 「非正当的支配」、「都市の類型」 WuG, Vol. 2, pp. 735-822

「経済と社会的秩序および権力」WuG, Vol. 2, pp. 181–244
「政治的共同体」WuG, Vol. 2, pp. 514–40
「支配の社会学」ただし「正当的支配の三つの純粋型」は別として。WuG, Vol. 2, pp. 541–50, 559–734
「法社会学」ed. Johannes Winckelmann, 2nd ed., Neuwied, 1967
一九一三年―一四年には、
2 「宗教的共同社会関係の類型」(宗教社会学) WuG, 1916. Vol. 1, pp. 245–381
一九一八年頃
3 「正当的支配の三つの純粋型」WuG, Vol. 2, pp. 551–8
一九一九年―二〇年に、
「社会学的範疇論」WuG, Vol. 1, pp. 1–180
ロートとヴィティッヒは、この問題にかなり注意を払っており、この点で彼らの版は、もとのドイツ版より優れている。新しく出版されるドイツ版の改訂が望ましい。

(23) WuG, Vol. 2, p. 547 f.

(24) WuG, Vol. 2, pp. 541–50, 559–95.

(25) WuG, Vol. 2, pp. 551–8 ロートとヴィティッヒは、英語版にこの部分を含めない方がよかったのではなかろうか。それは、『経済と社会』の第四版における、かなり不確かな部分であるから。

(26) WuG, Vol. 1, pp. 122–76.

(27) ロートは Geschehen ということばを「経験的《エンピリカル》過程《プロセス》」と訳しているが、これは私には、経験主義的社会科学者特有の見方による歪曲のように思われる。

(28) WuG, Vol. 1, p. 9 ; Cf. the version of Roth in EaS, Vol. 1, p. 19. 清水幾太郎訳『社会学の根本概念』岩波書店 三〇―三五頁。

（29） Ibid.

（30） 本訳書一〇五頁以下を参照。

（31） WuG, Vol. 1, p. 11 ff. (EaS, Vol. 1, p. 22 ff.)

（32） WuG, Vol. 1, p. 122 ff. (EaS, Vol, 1, p. 212 ff.)

第二章

（1） Marianne Weber, Max Weber, Ein Lebensbild, Heidelberg, 1950, 2 ed （以下 Lebensbild という） p. 694. 大久保和郎訳『マックス・ヴェーバー』Ⅱ、みすず書房、四八二頁をみよ。「すべての人が指導者を呼び求めている時に当って、国民は彼に腕を揮わせることができなかった」。Karl Jaspers, Max Weber, Politiker, Forscher, Philosoph, München, 1958, 2 ed., pp. 32 ff. は、「マックス・ウェーバーの指導の失なわれた可能性」について論じている。なお、Max Weber, zum Gedächtnis, Sonderheft 7 der Kälner Zeitschrift für Soziologie und Sozialpsychologie, ed. René König and Johannes Winckelmann, Köln, 1963 におけるエルンスト・トレルチ、ゲルトルート・ボイマー、ゲアハルト・フォン・シュルツェーゲヴァーニッツ、カール・レーヴェンシュタインその他による追悼文をみよ。

（2） Jacob Peter Mayer, Max Weber and German Politics, a Study in Political Sociology, London, 1956, 2 ed., pp. 117 f. 五十嵐豊作訳『マックス・ウェーバーの政治社会学——マックス・ウェーバーとドイツの政治構造』勁草書房、一六一頁—二頁、二一三頁の註。H. H. Gerth and C. Wright Mills, From Max Weber, Essays in Sociology, 1970, 7 ed. (以下 Gerth という)。山口和男・犬伏宣宏訳『マックス・ウェーバー——その人と業績』ミネルヴァ書房。

（3） Raymod Aron, Main Currents in Sociological Thought, Vol. 2, New York, 1967, p. 248.

（4） 以下の部分については、W. J. Mommsen, Max Weber und die deutsche Politik, 1890–1920, Tübingen, 1959（以下 Mommsen と略称する）pp. 23 ff. Reinhard Bendix, Max Weber, an Intellectual Portrait, New York, 1960（以下 Bendix という）p. 38 ff. 折原浩訳『マックス・ウェーバー――その学問の全体像』中央公論社と、非常に異なる諸資料からの引用の奇妙な混合からなる風変りなものとして、Ilse Dronberger, The Political Thought of Max Weber, In Quest of Statesmanship, New York, 1971, pp. 116 f. をみよ。ヴェーバーの政治的見解に関する小さい概観は、Anthony Giddens, Politics and Sociology in the Thought of Max Weber, London, 1972 によって与えられる。これは、ヴェーバーの政治思想における緊張と矛盾をいくらか調和しようと試みている。

（5） Max Weber, Gesammelte Politische Schriften, ed. Johannes Winckelmann, 1971, 3 ed.（以下、PS と略称する）pp. 1 ff. 田中正晴訳『国民国家と経済政策』（『政治・社会論集』所載）河出書房、一頁以下。

（6） PS, p. 12（著者モムゼンによる英訳から重訳）、田中訳、前掲書、一六頁を参照せよ。

（7） Ibid.（モムゼンによる英訳）、田中訳、前掲書、一六頁―一七頁。

（8） PS, p. 14（モムゼンによる英訳）、田中訳、前掲書、一八頁。

（9） Ibid.（モムゼンの英訳）、なお田中訳、前掲書、一八頁。

（10） 後者については、Fritz Stern, The Politics of Cultural Despair, New York, 1961.

（11） PS, p. 23（モムゼンの英訳）、田中訳、前掲書、二八頁。

（12） PS, p. 30（モムゼンの英訳）.

（13） この点のより詳細な説明として、Mommsen, Max Weber, p. 75 f. をみよ。

（14） PS, p. 174. なお、これは一九一六年一〇月二二日、『ドイツの世界政治上の地位』（ヨーロッパ列強間のドイツ）と題して、ミュンヘンにて講演。『ミュンヒナー・ノイエステン・ナハリヒテン』の一〇月二六日号に報道されたもの〔訳者註〕。

（15） ドイツ国民協会のためになしたヴェーバーの活動については、Wolfgang Mommsen, in Stammer(ed.), Max Weber and Sociology Today, Oxford, 1971, p. 112. と、より広汎な文脈での Dirk Stegmann, Die Erben Bismarcks, Köln, 1971, pp. 503 ff. をみよ。

（16） PS, pp. 546 ff.

（17） 本訳書一〇五頁。

（18） EaS, Vol. 1, pp. 397 ff.

（19） EaS, Vol. 1. 2, p. 925.

（20） WuG, Vol. 2, 9. 530 note (EaS, Vol. 2, p. 926. note).

（21） Cf. WuG, Vol. 1, p. 244.

（22） PS, p. 143.

（23） ヴェーバーの帝国主義的諸見解のより詳細な説明は、W. J. Mommsen, Max Weber, pp. 76 ff. 中村貞二・米沢和彦・嘉目克彦訳『マックス・ヴェーバー』未来社。

（24） WuG, Vol. 2, p. 526 (EaS, Vol. 2, p. 919).

（25） WuG, Vol. 2, p. 527（モムゼン英訳）、Cf. EaS, Vol. 2, p. 920.

（26） WuG, Vol. 1, p. 526 (EaS, Vol. 2, p. 919).

第三章

（1） Cf. Albert Salomon, 'Max Weber', in : Die Gesellschaft, Vol. Ⅲ, 1, 1926, p. 131.

（2） Cf. Karl Löwith, 'Max Weber und Karl Marx', in : Gesammelte Abhandlungen zur Kritik der geschichtlichen Existenz, Stuttgart, 1960, p. 3 f. 柴田治三郎・脇圭平・安藤英治訳『ウェーバーとマルク

ス』未来社、一五頁。W. A. Runciman, Social Science and Political Theory, Cambridge, 1965, pp. 52 f. 川上源太郎訳『社会科学と政治理論』福村出版、八一頁。

（3） ホーニヒスハイムの論文として、'Max Weber in Heidelberg. Erinnerungen an Max Weber', in : Max Weber zum Gedächtnis, Kölner Zeitschrift für Soziologie und Sozialpsychologie, Sonderheft 7, 1963, pp. 161 ff. と、ほかに On Max Weber, Collected Essays, New York, 1968.

（4） 'Der Sozialismus', Gesammelte Aufsätze zur Soziologie uud Sozialpolitik, Tübingen, 1924（以後SSP という）pp. 492 ff. この公開講演の政治的文脈の詳細な分析として、W. J. Mommsen, Max Weber, p. 276 f. をみよ。浜島朗訳『権力と社会』所収有斐閣。

（5） たとえば、Günther Roth, 'Das historische Verhältnis der Weberschen Soziologie zum Marxismus', Kölner Zeitschrift für Soziologie, Vol. XX, 3, 1968, p. 432 ; ibid., 'The Historical Relationship to Marxism', in : Reinhard Bendix and Günther Roth, Scholarship and Partisanship : Essays on Max Weber, University of California Press, Berkeley, 1971, pp. 227 ff. Anthony Giddens, Capitalism and Modern Social Theory. An Analysis of the Writings of Marx, Durkheim and Max Weber, Cambridge, 1971, pp. 190. 犬塚先訳『資本主義と近代社会理論――マルクス・デュルケム・ウェーバーの研究』研究社はウェーバーのマルクスに対する態度につき略述しているが、資本主義対官僚制的社会主義の本質的な問題を論じていない。

（6） 本訳書一九頁。

（7） Shils, p. 68.

（8） Cf. Jürgen Kocka, 'Karl Marx und Max Weber, Ein methodologischen Vergleich', Zeitschrift für die gesammelte Staatswissenschaft, Vol. 122, 1966. pp. 341 f. Richard Ashcraft, 'Marx and Weber on

Liberalism as Bourgeois Ideology', Comparative Studies in Society and History, Vol. 14, No. 2, 1972 は、マルクスのドグマティックなアプローチについてヴェーバーは留保してはいるが、それとは関係なく、両者の間に驚くほどの類似点のあることを示している。

（9） コッカが前掲書の三四四頁で述べている議論は、この点で私の意見と異なる。それは、ヴェーバー初期の方法論的諸論文をすべての論文と同じように考えている傾きがある。

（10） Cf. W. J. Mommsen, Max Weber, p. 121 f.

（11） SSP, p. 456. WL, p. 315 もみよ。

（12） WL, pp. 299 ff.

（13） Lebensbild, p. 652. 大久保訳『マックス・ヴェーバー』Ⅱ、四五三頁。

（14） RS, Vol. 1, p. 252 には、'Interessen (materielle und ideelle), nicht : Ideen, beherrschen unmittelbar das Handeln der Menschen. とある。

（15） 本章の註（2）をみよ。

（16） Cf. Löwith, op. cit., pp. 35 ff.

（17） WuG, Vol. 1, p. 79（モムゼンによる英訳）。Cf. EaS. Vol. I, p. 139.

（18） PS, p. 337 f. 『ヴェーバー政治、社会論集』河出書房、三三一頁―三三二頁。

（19） Ibid.

（20） PS, p. 333. 邦訳上掲書、三三〇頁。なお別訳としてロートによる EaS, Vol. 3, p. 1403.

（21） SSP, p. 508.

（22） たとえば、一九〇八年八月四日付、ミヘルス宛書簡をみよ。Mommsen, Max Weber, p. 118 に引用。

（23） WuG, Vol. 2, p. 531 (EaS, Vol. p. 927).

(24) WuG, Vol. 1, p. 177.
(25) この理念型概念を、正統的マルクス・レーニン主義に忠実な現代共産主義体制に適用できると考える人もあるであろう。
(26) WuG, Vol. 1, p. 178 f. (EaS, Vol. 1, p. 304 f.)
(27) WuG, Vol. 1, p. 179 f. (EaS, Vol. 1, p. 355 f.) ここの文章は、SSP, p. 509 f との結び付きで解釈さるべきである。そこではヴェーバーは、労働者階級の分解過程について、多少異なる立場をとっている。
(28) WuG, Vol. 2, p. 533. ロート訳の EaS, Vol. 2, p. 930 は、多少誤解をよび起こし易い。
(30) WuG, p. 59 f. (EaS, Vol. 1, pp. 109 ff.)
(31) WuG, Vol. 1, p. 59 (モムゼン英訳)。Cf. EaS, Vol. 1, p. 109 (trans. by Roth) は、この文の意味を十分につくしていない。
(32) WuG, Vol. 1, p. 61 (EaS, Vol. 1, p. 112). ヴェーバーはここで直接、マルクスの『哲学の貧困』に言及している。
(33) Ibid., p. 60 (EaS, Vol. 1, p. 111)
(34) WuG. Vol. 1, p. 58, Cf. EaS, Vol. 1, p. 108 (ロート訳を著者修正)。
(35) WuG, Vol. 1, p. 87. EaS, Vol. 1, p. 115 のロート訳は、この箇所をやや曖昧にしている。
(36) ヘルベルト・マルクーゼは、一九六四年のハイデルベルク社会学会大会で極めて印象的なヴェーバー批判を試みた。彼は、マックス・ヴェーバーが資本主義の「形式合理性」と「合理性」そのものとを混同したこと、また、そのために、ヴェーバーが資本主義体制を合理的なものとして、またより正確に言えば、唯一の合理的なものとして呈示したけれども、実は極めて非合理な解決になってしまったと論じた。Herbert Marcuse, 'Industrialisation and Capitalism', New Left Review, Vol. 30, 1965, pp. 2 ff. なお、Stammer,

op. cit., pp. 133 ff. をもみよ。またマルクーゼの報告についての討論は、Stammer, ibid., pp. 152 ff. をみよ。しかし、マルクーゼの所論は、Wolfgang Lèfevre, Zum historischen Charakter und historischen Funktion der Methode bürgellicher Soziologie, Frankfurt, 1971, pp. 33 f, 56 f. にとり上げられている。ルフェーヴルは、ヴェーバーの資本主義と「形式合理性」の同一視は、資本主義擁護論として役立たせる意図のブルジョワ的戦略に過ぎぬとしている。ルフェーヴルは、ヴェーバーが社会についての形式主義的判断を「現実の内容に則した」合理性の上に基礎づけようとしなかったと主張している(ibid., p. 56)。さらにルフェーヴルは、一切の支配形態が廃棄されることにでもなれば、実質的に合理的な社会体制が必然的に出現すると想像する一種のマルクス主義的な無邪気さに逃避している。そういうわけで彼は、彼の推論が何故自分の主張しているように唯一可能なものであるのかということも、また、それだけが社会的現実に伴って現われるのかの理由も立証する責任を取ろうとはしていない。この点につき、より的を射た議論は、マルクーゼに対するユルゲン・ハバーマスの答えである。Jürgen Habermas, Technik und Wissenschaft als Ideologie, Frankfurt, 1970, pp. 48 ff. をみよ。ハバーマスはマルクーゼの所論をふまえて、さらにそれを敷衍しながら、「技術的合理性」の概念——社会諸制度に関するヴェーバーの「形式合理性」から抽出した概念——を分析して、この概念こそ、「後期資本主義社会」における支配を正当化する手段として役立つであろうと指摘する。しかし他方において彼は、「形式合理性」の原則に対するマルクーゼの抗議が、現代産業生産の諸条件の下で「技術的合理性」を克服することが不可能であるからには、空想的であると述べている。既述のごとく、マルクーゼによる資本主義の「形式合理性」批判は、彼自身が気付いているよりもはるかにヴェーバー自身の議論に接近しているのである。ハイデルベルクの学会での熱心なヴェーバー擁護者たちのうち、誰一人としてこのことを認識した人がいなかったことは注目に値する。

(37) WuG, Vol. p. 78 (モムゼン英訳)、Cf. EaS, Vol. p. 138.

（38） WuG, Vol. 1, p. 88 f. (EaS, Vol. 1, p. 116 f.); WuG, Vol. 1, p. 119 f. (EaS, p. 202 f.)

（39） WuG, Vol. 1, p. 121（モムゼン英訳）, Cf. EaS, Vol. 1, p. 205 で言う。「あらゆるタイプの収入のなかで、すぐれてダイナミックな――即ち、革命的な――効果を経済体制に及ぼすのは、特に企業家利潤から来るものであるのか、それとも出来高に応じて、同意に基づく契約、あるいは自由な同意によってなされた契約から抽き出された労働収入から来るものであるかのどちらかである」。

（40） ヴェーバーは、ブルジョワ社会の理論を発展させるに失敗したという Ashcraft, op. cit., p. 168 について、わたしは全く賛成できない。たといアッシュクラフトが、ヴェーバーはあらゆる点でリベラルな体制を非難するには余りにもリベラルな伝統に強く結び付いていたとする点では正しいとしても。リベラルなブルジョワ資本主義理論の本質的要素とは、わたしの考えとして次の通りである。

1　「形式的に自由な労働」だけでなく、生産手段の私的所有のラインで組織された経済は、財の生産に関して最大限の成功をおさめることができること

2　「市場における人間相互の抗争」は、その体制の最大限の「形式合理性」を結果的に出現させるだけでなく、生産性の「形式合理性」をも出現させるが、それに対して、その他の経済組織の諸形態は、多少なりとも静態的となること

3　あらゆる可能な経済体制のなかでも、形式的に自由な契約から生じる収入だけでなく、企業家利潤に優位性を与え、且つ、市場に最大限の自由競争を保障するような資本主義経済は、経済的、社会的、政治的なダイナミズムを最大限に発展させること。換言すれば、それは、「開かれた社会」に最も有利な諸条件を供給するということ。

（1）ドイツ語の Herrschaft を英訳することは殆んど不可能に近い。『経済と社会』英語版の編者ロート、ヴィティッヒとちがって、われわれは随分考慮した末、レイモン・アロンやW・G・ランシマンと同じように、より適切な訳語として、終始、'domination' を使用した。ロート、ヴィティッヒが 'domination' ではなくて 'authority' を用いているが、それが権力を掌握している現実の個人や個々人の地位に主として関連する限り狭きにすぎる。またロート、ヴィティッヒの妥協は、ヴェーバーの体系化の細心な均衡性と、非常に厳密な性格をこの訳語が曖昧なものにしてしまうという点で不利である。ヴェーバーは、下記のように、domination と rulership の諸問題を、個人主義的な形で表現する傾向をもっていたことをわれわれは認めざるを得ない。この点で、'authority' の訳語は確かに適切ではある。だが他方では、「正当的支配の三つの純粋型」の理論は、政治的諸制度を単に政府の権威の問題だけに限定しないで、それらをそっくりそのままに、また、それらがそれぞれもっているイデオロギー的諸基礎をまでひっくるめて包摂しようとしているのである。われわれは長い間、'rule' という言葉が 'domination' ほど厳密な意味内容をもっていないので、これを最適な用語と考えた。だがそれでもやはり狭すぎるのである。というのは、'rule' は the ruler (Herrschaft) と the ruled (die Beherrschten) の関係を正しく規定するには非常によく適しているけれども、統治活動だけしかカバーしないからである。不幸にも、Herrscher (ruler) に相当する 'domination' の適当な英語の同族語が存在していないのである。他方、'domination' は 'Herrschaft' がドイツ人に対して有する幾分権威主義的な響きに最も近いのであって、またそれは、ドイツ語の Herrscher と完全に合致するラテン語 dominus の派生語である。ここに挙げられた言語学上の困難は、遺憾ながら、ヴェーバーの綿密で細心な、且つペダンティックとも言えそうな「三つの純粋型」の体系化を、英語によって完全に構成することをわれわれに許してくれないのである。そういうわけで、相当するドイツ語を、時によって括弧にくくって付け加えた。

（2）「正当的支配の三つの純粋型理」論の相違する諸版についての論議は本訳書一〇三頁をみよ。

（3）WuG, Vol. 1, pp. 122 ff. (EaS, Vol. 1, pp. 212 ff.).

（4）次頁に示す図表は、ヴェーバーの「正当的支配の三つの純粋型」の理論の全貌を概観するために考案されたものである。それは、ある程度、ヴェーバーの述作に発見されるすべての解釈の綜合である。なお本訳書一〇三頁をみよ。

（5）Bendix. p. 326.

（6）一三九頁以下を参照。著者はこのラインに沿ったニーチェの啓発的な解釈として Walter Kaufmann, Nietsche, Philosopher, Psychogist, Antichrist, 1956 に負うところが大きい。

（7）Cf. WuG, Vol. 2, p. 735, p. 757 f. ヴェーバーは、これらの箇所で、北欧の自律的都市国家が、「正当的」権威――一般的に言えば、皇帝、君主、または教権的有力者であった――を無視したり、彼らに抵抗したりしながら、市民の政治的結社から姿を現わしたことを指摘している。このことは、中世憲政史の近年の研究が発見した結果と合致している。

（8）WuG, Vol. 1, p. 28 (EaS, Vol. 1, p. 53). ロート訳は、著者によって多少修正された。なお、Cf. WuG, Vol. 1, p. 122 (EaS, Vol. 1, p. 212). 浜島朗・徳永恂訳『社会学の基礎概念』(『ウェーバー社会学論集――方法、宗教、政治』青木書店、一六一頁以下。

（9）Ibid., p. 29 (EaS, Vol. 1, p. 53)（ロート訳と相違する著者の英訳）。邦訳、前掲書、一六二頁。

（10）Cf. WuG, Vol. 1, p. 153 : 'Grundlage jeder Herrschaft, also jeder Fugsamkeit, ist ein Glauben : "Prestige"—Glauben zugunsten des oder der Herrschenden', これをロートは、EaS, Vol. 1, p. 263 で次のように訳している。「一般に、あらゆる権威と、従ってあらゆる種類の服従意志の基礎は、信仰、つまり権威を行使する人々が、それによって威信を加えられるところの信仰であることを明瞭に心にとめておく必

三 類 型（註4の表）

伝統的支配		カリスマ的支配
家父長制的支配	身分制的支配	
君主あるいは高位の聖職者	同左	予言者，軍事的英雄，デマゴーグ，指導者
伝統，あるいは，宗儀によって，しばしば支えられた伝統的慣習	同左	カリスマ的指導者に対する「従士団」の情感的帰依（それは指導者によって強制されることの可能な義務として考えられる）
予じめ規定された秩序に対する信頼	同左	カリスマ的指導者の例外的資質と彼によって啓示された諸価値に対する帰依
制度の頂点に人的に従属する要員（「ヘル」のしもべ）	伝統によるか，または身分階層の代表によって官職が擅有される	すべての官職が，カリスマ的指導者に，人的に帰依する従士たち
純粋に伝統的な法。それ以外には，法の成立に当って，形式的ではなくて，実質的な法	形式的手続きによって裁定される純粋に伝統的な法	支配者が，自己の考えによって法を課し，あるいは修正する
伝統的な社会的行為	同左	特殊なケースでは，情動的，即ち，価値合理的な社会的行為

正 当 的 支 配 の

	合法的支配	
	目的合理的に制定された規則による	価値合理的規則（たとえば「自然法」）による
制度の頂点の権威の源泉（あるいは「ヘル」）	官吏（公吏）	選挙制官吏（たち）あるいは合議体
制度の頂点の権威の源泉	委任（時として，年功序列の原則）	委任あるいは，よりしばしば被治者による（直接的，または間接的）委任
制度の正当性の形式	制定された規則の体系の形式的無謬性に対する確信 (a)利害関係者により同意されたものであるから (b)かく措置することは正当であると考えられた権威が制定し，また課したものであるから（規則が形式的に正当に制定されることが最も重要である）	規則の体系の基本的諸原則の有効性に対する価値合理的な信頼
行政幹部の形態	官僚制	官僚制，あるいは選挙制公吏
法制度の形態	実証主義的諸原則によって制定された目的合理的な実定法	基本的諸原則に基づき，また，そこから抽出された価値合理的な法。それ以外には，純粋に形式的な法
社会的行為の形態	目的合理的な社会的行為	価値合理的な社会的行為

要がある。しかしながら『威信』はつねに支配者の成功に強く依存しており、従ってそれは実質的に失敗した後にまでも生き延びることはないであろう」。

(11) この解釈は、一九六四年のハイデルベルク社会学会大会で、アドルフ・アルントによって呈示された(Cf. Stammer, p. 130. 邦訳出口勇蔵監訳『ウェーバーと現代社会学』上、木鐸社、二五四頁以下)。しかしこの解釈は不十分である。というのは、ヴェーバーは、「目的―合理的な合法的支配」が、「カリスマ的支配」や「伝統的支配」と共に進むことはできないとは考えていなかったからである。アルントの主張は、「正当的支配の三つの純粋型」が、相互に相容れないものとの前提に立ってのみ有効であろう。

(12) このことは、最近、Martin H. Spencer, 'Weber on Legitimate Norms and Authority', British Journal of Sociology, Vol. 21, 1970. pp. 123 ff. で、あまり説得的でないが取り上げられた。というのは、スペンサーは、ヴェーバーの「正当的支配の三つの純粋型」理論の広汎な範域に十分注意を払うことができなかったことと、この体系化が、時間的にも、実質的にも、包括的であることを志したヴェーバーの要求を論究しなかったからである。スペンサーは、ヴェーバーが「価値―志向的合法性」の下位類型に考察を加えていたことを考慮に入れておらず、しかもそれを近代産業社会において正当性の生存能力を有する形態であるとは考えなかったことは心外でさえある。「価値―合理的権威」と呼ばれる第四の類型を付加しなければならないとするスペンサーの示唆は、こうしてかなりにナイーヴであって、ヴェーバーがこれらの困難な問題を取り上げたのと同じレベルに立つものでないことは明白である。なお、より実質的であるが、必ずしも一貫しているとは言えないにしても、この問題に関する議論として、Karl Löwenstein, Max Webers staatspolitische Auffassungen in der Sicht unserer Zeit, Frankfurt, Bonn, 1965, pp. 71 ff. (English trns : Max Weder's Political Ideas in the Perspective of our Time, 1966). 邦訳、得永新太郎『マックス・ヴェーバーと現代政治』未来社、一〇四頁以下。

（13） Mommsen, Max Weber, p. 392 に引用される。

（14） WuG, Vol. 2, p. 157（モムゼンの英訳）。Cf. EaS, Vol. p. 269.

（15） PS, p. 535 (Gerth, p. 106).

（16） Ibid., p. 535 (Gerth, p. 107).

（17） Ibid., p. 544 (Cf. Gerth, p. 113).

（18） マックス・ヴェーバーの「指導者民主主義」概念の詳細な分析として，W. J. Mommsen, 'Zum Begriff der plebiszitären Führerdemokratie bei Max Weber', Köln Zeitschrift für Soziologie und Sozialpsychologie, Vol. 15, 1965, pp. 295 ff. をみよ。

（19） WuG, Vol. 1, p. 156（モムゼンの英訳。Cf. EaS, Vol. 1, p. 268）

（20） WuG, Vol. 1, p. 157 (EsS, Vol. 1, p. 269)

（21） Cf. Arnold Bergstraesser, 'Max Weber's akademische Antrittsrede', Vierteljahreshefte für Zeitgeschichte, Vol. 5, 1957, p. 209.

（22） Arthur Schlesinger, 'Democracy and Heroic Leadership in the Twentieth Century' (paper read at the Congress of Cultural Freedom, Berlin. June 1960) は，「ヴェーバーの類型学は，民主的社会の研究から生れたものでもなければ，それに適合しない……ものでもある」と論じている。Cf. Karl Joachim Friedrich, 'Political Leadership and Problem of Charismatic Power', Journal of Politics, Vol. 23, 1961, p. 16, note 24.

（23） Cf. Karl Löwenstein, op. cit., pp. 71 ff. レーヴェンシュタインは，特にヴェーバーによる「国民投票的」支配と「ケーザル的支配」の同視に反対している。前掲邦訳『マックス・ウェーバーと現代政治』一九頁以下。

（24） Friedrich, op. cit., pp. 17 ff.

（25） Cf. Lebensbild, pp. 702 f. 大久保保郎訳『マックス・ウェーバー』Ⅱ、みすず書房、四八八頁。

第五章

（1） Stammer, p. 40. 出口勇蔵監訳『ウェーバーと現代社会学』上、木鐸社、六二頁。

（2） Ibid., p. 63. 前掲邦訳、九七頁。

（3） PS, p. 20. 「わたしは市民階級の一員であり、かかるものとして自覚しており、その見解と理念に惹かれている」。

（4） 本訳書六五頁参照。

（5） この問題の立ち入った分析は、Mommsen, Max Weber, pp. 54 ff. と Stammer, pp. 130 ff. 出口勇蔵監訳、前掲邦訳、二一九頁以下。

（6） Gesammelte Aufsätze zur Sozial-und Wirtschaftslehre, p. 277（モムゼン英訳）。

（7） PS, p. 64.

（8） Ibid., p. 63.

（9） Mommsen, Universalgeschichtliches Denken, pp. 571 ff., Eugène Fleischmann, 'De Weber à Nietsche,' Arhives Européenes de Sociologie, Vol. 5, 1964, pp. 190 ff. をここに挙げておきたい。だが、フライシュマンは、ニーチェのヴェーバーに与えた影響を大いに過大視している。出版予定のハーバード大学学位請求論文 Robert Eden, 'Political Leadership and Philosophic Praxis : A Study of Weber and Nietsche' は、この問題に光を与えるであろう。

（10） Cf. Eduard Baumgarten, Max Weber. Werk und Person, Tübingen, 1964. pp. 554 ff., note 1（モム

ゼン英訳)。生松敬三訳『マックス・ヴェーバー 人と業績』福村出版。しかし、そこに述べていることの信憑性はやや疑わしい。

(11) 本訳書七五頁以下。

(12) この点のもっと長い説明は、上述八三頁以下にみられる。

(13) この点は、Stammer, pp. 222 ff. のヤコブ・タウベスの議論をみよ。

(14) RS, Vol. 1, p. 252 (著者による英訳)。大塚久雄・生松敬三訳『マックス・ヴェーバー宗教社会学論集選』みすず書房、五八頁。

(15) T. S. Simey, 'Max Weber: Man of Affairs or Theoretical Sociologist?', The Sociological Review, Vol. 14, 1966, pp. 303 ff.

(16) WL, p. 439. Cf. WuG, Vol. 1, pp. 7 f.

(17) 一九二〇年三月九日付、ロベルト・リーフマン宛書簡。J. Mommsen, Universalgeschichtliches Denken, p. 576 f., note 57 (著者による英訳)。

(18) WuG, Vol. 1, p. 9 (EaS, Vol. 1, p. 18)

(19) WL, p. 132

(20) WuG, Vol. 2, p. 691 (著者による英訳)。Cf. EaS, Vol. 3, p. 1156. 世良晃志郎訳『マックス・ウェーバー 支配の社会学』II、創文社、五二三頁。

(21) Ibid., p. 695 (著者による英訳)。Cf. EaS, Vol. 3, p. 1156.

(22) このような態度に対するヴェーバーの非難は、彼の有名な公開講演『職業としての学問』WL, p. 609 f. をみよ。

(23) ヴェーバーの政治思想のこの側面についての体系的な論究は Mommsen, Plebiszitäre Führerdemokra-

tie にみられよう。

(24) すでに述べたところであるが、われわれは、「正当的支配の三類型」に関するヴェーバーの体系構想における「人民投票的民主主義」の正確な位置づけを試みた。一一六頁以下をみよ。

(25) この問題は、著者が現在抱いている見解よりもいくらか行き過ぎのきらいはあるが十分に論じられたところである (Mommsen, Max Weber)。そこで述べた議論は、未だに終っていない激論の種を蒔いたものであった。しかし、ある著作者たちは、カリスマ概念にかなり実質上依拠している民主主義理論に含まれる緊要な諸問題を注視するようになったと思われるのである。たとえば、Anthony Giddens, Political Thought and Political Theory of Max Weber, London, 1972. をみよ。

(26) WL, p. 605.

訳者あとがき

本書は Wolfgang J. Mommsen, *"The Age of Bureaucracy, Perspectives on the Political Sociology of Max Weber"*, Oxford, 1974 の邦訳である。

著者ヴォルフガンク・J・モムゼン氏は、一九三〇年マールブルクに生れ、大著『ローマ史』の著者にして、マックス・ヴェーバーと浅からぬ因縁のある大歴史家テオドール・モムゼンの曽孫に当る。マールブルク、ケルン、リーズ諸大学で歴史学、哲学、芸術史、政治学を学んだのち、ドイツを中心とする現代史を専攻とし、一九六八年よりデュッセルドルフ大学歴史学部教授として中世史、近世史を教えている。一九七七年より The German Historical Institute in London の所長としての任にある。戦後の西ドイツ史学界における新潮流である社会史グループの代表的歴史家の一人といわれている。英、米にもしばしば留学、あるいは客員教授として滞在し、日本にも一九八〇年四月末に京都大学七〇周年記念財団の招きによって来訪し、同大学をはじめ各地でヴェーバー論、戦後ドイツ史学史、帝国主義論と巾ひろいテーマの下に講演した。

本訳書は序言にもふれているように、氏が一九六八年から七二年の間、英、米諸国の大学などで試みた公開講演を、自身の手により英文化した五篇の独立論文を含んでいる。それぞれの内容については読者の評価に委ねることにして、ここでは氏のヴェーバー研究の基本的な姿勢ないし接近方法について略記するにとどめたい。

氏のヴェーバー研究は、初発から現代史研究と呼応、相即しながら進められた観がある。学位論文の処女作、『マックス・ヴェーバーとドイツの政治』*Max Weber und die deutsche Politik 1890—1920*, Tübingen, 1959, 1974²は、現在では立場のいかんにかかわらず、ヴェーバー研究者が避けて通ることのできない関門といえるだろう。氏はこの著において、両義性と逆説にみちたヴェーバー思想の統一的な把握を志向し、そのことを、既刊のヴェーバー作品によりは、むしろ未公刊資料の重要性に着眼し、大々的な資料発掘と収集の束の中から手がかりを引き出そうとし、ヴェーバーの思想を制約した「時代的な係数の確定」を図った。さらに氏はその地点を越えて、ヴェーバー思想の主要な構成要素を、現代史の光に照射して、その現代的な意義を問い直し、独自のヴェーバー像の構築に迫ろうとした。そうした姿勢はいらい一貫して氏のヴェーバー論に貫かれており、読者に対し、一種の魅力と厚味を感じさせる一因ともなっている。しかし同時にそこから幾多の疑問と異論をよび起こす因ともなっていることは否定できぬところであろう。

氏の名声をさらに一段と高める機縁となったのは、一九六四年、ヴェーバー生誕百年を記念する第一五回ドイツ社会学会大会においてであった。歴史家モムゼン氏は大会シンポジウム「マックス

・ヴェーバーと権力政治」の討論者の一人として乗りこみ、フランスの社会学者レイモン・アロンとともに、大胆なヴェーバー批判を行ない、ヴェーバー思考における権力政治的要素を鋭く指摘し、あわせてヴェーバーの政治論をその学問論から分離する在来のヴェーバー像の組みかえを主張するに及んで、討論者の間に白熱した論争をひきおこした。「ハイデルベルクの嵐」とか「モムゼンショック」とかよばれるほどに周知のところである（論議の詳細については、この大会シンポジウム報告、O・シュタマー編、出口勇蔵監訳『ウェーバーと現代社会学』上下、木鐸社、一九七六年、一九八〇年、とくに上をみられたい）。

ここに訳出した『官僚制の時代』は、さきに翻訳された『マックス・ヴェーバー　社会・政治・歴史』（中村貞二、米沢和彦、嘉目克彦共訳　未来社　一九七二年）についでモンゼン氏のものとしては第二冊目の邦訳書であるが、両著ともに、いらい著者に向けられた数々の批判、疑問を意識しながら書かれたように推測されるが、それによって著者の基本的な立場に変更が加えられたとは思われない。しかし『官僚制の時代』は、そのうえに、知的伝統の異なる英語使用国の読者に対して、より説得的に自らのヴェーバー像を述べようとする一種啓蒙的な配慮が加えられているように思われる。たとえば、数人の手による英語訳のヴェーバー文献を批判的にとり上げ、自らの解釈によって修正を試みた箇所が随所にみられるごとくである。その意味で本書もまたヴェーバー学入門書として適切なものの一つといえよう。ただ訳者の非力のため、著者の真意をどれだけ正しく伝えることができたか覚束ないし、意外な誤まりを犯しているかもしれない。ご教示をうることができれば幸いである。なお原著には基礎的なヴェーバー作品や関連文献資料が付加されているが、その多くが原註の中に引用ないし説明がなされていること、わが国のヴェーバー研究のレヴェルからいって、よく知られているものが多いこと、また前掲『マックス・ヴェーバー　社会・政治・歴史』の訳者後記に、より詳細な資料がリストされていることなどを考えて、あえて省略することにした。最後に訳出原稿の提出が身辺の諸事情のために著しく遅延して、ご配慮をいただいている未来社、小箕俊介氏に多大の御迷惑をおかけしたことを付記して謝意を表したい。

官僚制の時代——マックス・ヴェーバーの政治社会学

1984年 6月15日 初版 第1刷発行
2001年 5月25日 復刊 第1刷発行

定価（本体2000円＋税）

著者© W・J・モムゼン
訳 者 得永 新太郎
発行者 西谷 能英

発行所 株式会社 未 來 社
〒112-0002 東京都文京区小石川 3-7-2
電話 03-3814-5521(代) 振替 00170-3-87385
http://www.miraisha.co.jp/ E-mail: info@miraisha.co.jp

本文印刷＝スキル・プリネット／装本印刷＝形成社／製本＝黒田製本
ISBN 4-624-11074-9 C0036